D1719204

Andreas Gottschalk

Fürbitten in der Gemeinde

PASTORALLITURGISCHE REIHE
IN VERBINDUNG MIT DER ZEITSCHRIFT
„GOTTESDIENST"

Herausgegeben vom Deutschen Liturgischen Institut, Trier

Andreas Gottschalk

Fürbitten in der Gemeinde

Für die Sonn- und Feiertage

Lesejahr B

HERDER

FREIBURG · BASEL · WIEN

Andreas Gottschalk, geboren 1956, bis 2004 Gemeindepfarrer in meh-
reren Pfarreien, seit 2005 Pfarrer und Hausgeistlicher am Senioren-
zentrum der Arenberger Caritasvereinigung in Koblenz; Mitarbeiter
der Zeitschrift *Gottesdienst* des Deutschen Liturgischen Instituts.

© Verlag Herder GmbH, Freiburg im Breisgau 2008
Alle Rechte vorbehalten
www.herder.de

Umschlaggestaltung: Finken & Bumiller

Satz: Barbara Herrmann, Freiburg
Herstellung: fgb · freiburger graphische betriebe
www.fgb.de

Gedruckt auf umweltfreundlichem, chlorfrei gebleichtem Papier
Printed in Germany

ISBN 978-3-451-32172-6

Inhalt

DIE DREI ÖSTERLICHEN TAGE UND DIE OSTERZEIT

DIE ZEIT IM JAHRSKREIS

HERRENFESTE IM JAHRESKREIS

HOCHFESTE UND GEDENKTAGE DER HEILIGEN

Einführung

„In den Fürbitten übt die Gemeinde durch ihr Beten für alle Menschen ihr priesterliches Amt aus. Dieses Gebet gehört ... zu jeder mit einer Gemeinde gefeierten Messe, damit Fürbitten gehalten werden für die heilige Kirche, die Regierenden, für jene, die von mancherlei Not bedrückt sind, für alle Menschen und für das Heil der ganzen Welt" (vgl. Allgemeine Einführung in das Römische Messbuch, Nr. 45).

Ein solches fürbittendes Gebet kommt zunächst aus der mitleidenden Sorge und wird geprägt von den täglichen Ereignissen und Erwartungen, die uns bewegen und betroffen machen. Es muss auf die konkreten Anliegen der Kirche und Nöte der Welt in der jeweiligen Situation eingehen und kann nicht einfach nur aus Büchern vorgelesen werden. Im Alltag jedoch lässt sich ohne die Anregung durch Vorlagen der regelmäßige Dienst der Fürbitte kaum bewältigen. Wir Menschen sind manchmal sprachlos und brauchen das vorgeformte Gebet, das unserem stummen Beten Ausdruck verleiht. In diesem Sinne möchte dieses Buch seinen Dienst anbieten.

Neben den Fürbitten finden sich hier auch Einführungen, die der notwendigen Verbindung zwischen christlichem Leben und Feier der Liturgie dienen möchten. Was den jeweiligen Tag und Ort der Feier in besonderer Weise kennzeichnet, kann hier – die Vorlage umformend oder ergänzend – zur Sprache kommen. Das gilt auch für die Fürbitten, die wichtige Tagesereignisse und Anliegen der Menschen aufnehmen können (z. B. Naturkatastrophen, Unfälle, aber auch Taufen, Trauungen, Sterbefälle der vergangen Woche und andere aktuelle Vorgänge in der Gemeinde).

Zudem möge man beachten, dass die Sonntage von verschiedenen Faktoren bestimmt werden, die in solch einem Buch nicht immer vorauszuplanen sind. So kann z. B. der achte Sonntag im Jahreskreis in den Februar fallen und Karnevalssonntag sein, in anderen Jahren aber in den Frühsommer fallen, und als Nachholtermin für das Fronleichnamsfest dienen. Im Leben der Gemeinde werden viele Sonntage auch geprägt von der Vorbereitung auf die Feier von Erstkommunion und Firmung, durch das Kirchweih- und Patronatsfest u. a. Dementsprechend sollte in der Einführung und in den Fürbitten darauf eingegangen werden.

In diesem Sinne möchten die Texte dieses Buches Anregungen und Hilfen für alle sein, die Gottesdienste vorbereiten und feiern.

❖ Der Advent ❖

1. ADVENTSSONNTAG – Ein gutes neues Jahr!

LIED ZUR ERÖFFNUNG **GL 116 (KG 309)** Gott, heilger Schöpfer aller Stern

EINFÜHRUNG

„Ein gutes neues Jahr!" können wir uns heute gegenseitig wünschen. Ja, Sie hören richtig, denn heute beginnen wir ein neues Kirchenjahr. Und schon am Beginn stellt uns die Kirche das Ziel vor Augen, auf das jedes Jahr, unser Leben und die ganze Welt letztlich zuläuft: den jüngsten Tag, an dem der Herr wiederkommt. Wir hoffen, dass es uns gelingt, im neuen Jahr auf dem Weg der Gerechtigkeit Jesus Christus entgegenzugehen und uns durch Taten der Liebe auf seine Ankunft vorzubereiten. Bleiben wir wachsam für die Zeichen der Zeit, dass wir ihn erkennen, wenn er uns begegnet. Denn dies kann ganz plötzlich mitten in unserem Alltag geschehen. Bereiten wir uns jetzt für die Begegnung mit ihm, da wir in seinem Namen versammelt sind.

KYRIE-RUFE

Herr Jesus Christus,
du bist der Sohn des Lebendigen Gottes.
Herr, erbarme dich.
Du wirst wiederkommen in Herrlichkeit.
Christus, erbarme dich.
Du bist der Retter aus Tod und Sünde.
Herr, erbarme dich.

Jesus Christus hat uns aufgerufen, sein Kommen zu erwarten und bereit zu sein für die Begegnung mit ihm. Ihn bitten wir:

❖ Für alle Getauften: um echte Sehnsucht nach der Begegnung mit Jesus Christus.
Komm, Herr Jesus. (A) Komm, Herr Jesus.

❖ Für die christlichen Kirchen und Gemeinschaften: um Wachsamkeit gegenüber den Zeichen der Zeit und um die Einheit im Glauben.

❖ Für die Entscheidungsträger in Politik und Wirtschaft: um einen guten Blick für das Wohlergehen aller.

❖ Für die Kranken und Einsamen: um Zuwendung und Freundschaft.

❖ Für die Menschen, die unter Krieg, Bürgerkrieg und Terror leiden: um Rettung aus ihrer Not.

❖ Für alle, die in diesen Tagen unter Stress und Hektik leiden: um Erholung, Ruhe und Besinnung auf das Wesentliche.

Ewiger Gott, dein Sohn Jesus Christus wird kommen, um uns zu retten und sein Reich des Friedens und der Gerechtigkeit aufzubauen. Dir gilt unser Dank und Lobpreis für die heilende Begegnung mit ihm jetzt und in Ewigkeit. Amen.

2. ADVENTSSONNTAG – Blick auf das Wesentliche

LIED ZUR ERÖFFNUNG GL 114 (KG 305) Es kommt ein Schiff, geladen

EINFÜHRUNG

Irdische Aufgaben und Sorgen nehmen uns mitunter so in Beschlag, dass wir vor lauter Bäumen den Wald nicht mehr sehen. Es kann vorkommen, dass sie uns den Blick auf das Wesentliche verstellen, auch den Blick auf Gott und seinen Sohn, den er uns gesandt hat. Da tut es gut, wenn jemand – etwa einer vom Schlag des Täufers Johannes – unsere Aufmerksamkeit wieder auf das wirklich Wichtige in unserem Leben lenkt: auf Gott, der auch dann da ist, wenn wir ihn nicht sehen. Wir sind eingeladen, uns und unser Leben unter seine Führung zu stellen, es neu auszurichten und die Gemeinschaft mit Jesus Christus zu erfahren. Dann werden uns durch seine Gnade irdische Sorgen und Aufgaben nicht erdrücken, denn Gott kommt uns in seinem Sohn entgegen.

KYRIE-RUFE

Herr Jesus Christus,
du bist die Weisheit Gottes.
  Herr, erbarme dich.
Du zeigst uns den rechten Weg.
  Christus, erbarme dich.
Du schenkst uns die Gnade Gottes, des Vaters.
  Herr, erbarme dich.

Vertrauend auf Gottes Gnade und sein Wort, das in Jesus Christus lebendig geworden ist, beten wir voll Vertrauen:

❖ Für die Menschen, die Gott nicht kennen: um die Erkenntnis dessen, der dem Leben wirklich Sinn und Grund schenkt.
Gott, unser Vater: Wir bitten dich, erhöre uns. (A) Wir bitten dich, erhöre uns.

❖ Für die Bedrückten und Trauernden: um die Erfahrung, dass Gott sie wieder aufrichtet und Mut und Hoffnung schenkt.

❖ Für die Entscheidungsträger in Politik und Wirtschaft: um Einsicht und Kraft zu einem Handeln nach Gottes Weisungen.

❖ Für alle, die in den christlichen Kirchen und Gemeinschaften in der Leitungsverantwortung stehen: um Führung durch Gottes Heiligen Geist.

❖ Für unsere Verstorbenen: um Aufnahme in das ewige Leben bei Gott.

Guter Gott, du kennst unsere Sorgen und Anliegen, ob ausgesprochen oder unausgesprochen. Du erhörst uns, du weißt, was gut und richtig für uns ist. Wir geben dir die Ehre, wir loben dich und danken dir jetzt und in Ewigkeit. Amen.

3. ADVENTSSONNTAG – Der Herr ist nahe

LIED ZUR ERÖFFNUNG **GL 110 (KG 210)** Wachet auf, ruft uns die Stimme

EINFÜHRUNG

Der Herr ist nahe! Das haben Menschen zu allen Zeiten erfahren. Jesus Christus schenkt uns seine Nähe: in seinem Wort, das er zu uns spricht, in unserer Versammlung, in der wir als seine Gemeinde zusammenkommen, in dem Mahl, zu dem er uns einlädt. Der Herr ist nahe! Diese Erfahrung dürfen wir weitergeben, diese Freude dürfen wir miteinander teilen in den Beschwernissen und Mühen unseres Alltags, damit allen Menschen Hoffnung und Zuversicht für ihr Leben geschenkt wird. Freuen wir uns, dass der Herr jetzt mitten unter uns ist.

KYRIE-RUFE

Herr Jesus Christus,
du bist der Messias, unser Heiland und Erlöser.
 Herr, erbarme dich.
Du schenkst uns Erlösung und Freude.
 Christus, erbarme dich.
Du bist unsere Hoffnung und Zuversicht.
 Herr, erbarme dich.

ALLGEMEINES GEBET

Der ewige Gott ist uns in seinem Sohn Jesus Christus nahe gekommen. Voll Vertrauen bitten wir ihn:

❖ Für alle in unserer Kirche, die beauftragt sind, das Wort Gottes zu verkünden: um die Gnade, die richtigen Worte zu finden, damit alle Menschen voll Freude die heilende und helfende Nähe Jesu Christi erfahren.
Herr, höre uns. (A) Herr, erhöre uns.

❖ Für die Staaten und Völker, die unter Krieg, Terror und Gewalt leiden: um Versöhnung, Gerechtigkeit und Frieden.

❖ Für die Opfer von Naturkatastrophen und für alle, die unter Armut, Not und Hunger leiden; und für die Reichen und Mächtigen: um eine gerechte Verteilung der Güter unserer Welt.

❖ Für diejenigen, die keinen Sinn mehr in ihrem Leben sehen: um die Begegnung mit dem lebendigen Gott, die ihnen Mut und Zuversicht schenkt.

❖ Für die Menschen, die in helfenden Berufen für andere tätig sind: um Freude in ihrem Dienst und um die Erfahrung von Dankbarkeit.

❖ Für unsere Verstorbenen: um die ewige Gemeinschaft mit Gott.

Herr, unser Gott, wir danken dir, dass du uns in deinem Sohn Jesus Christus deine Nähe geschenkt hast, und preisen dich jetzt und in alle Ewigkeit. Amen.

4. ADVENTSSONNTAG – Gott ist mit uns

LIED ZUR ERÖFFNUNG GL 114 (KG 305) Es kommt ein Schiff geladen

EINFÜHRUNG

Die Adventszeit, in der wir uns auf Weihnachten vorbereitet haben, geht nun schnell zu Ende. Bald schon feiern wir den Heiligen Abend, mit dem wir das Weihnachtsfest einläuten, das Geburtsfest Jesu. Der Name „Jesus" bedeutet auf Deutsch in etwa „Gott ist Heil, Hilfe, Rettung". In Jesus Christus ist Gott uns nahe gekommen, wir dürfen sein Heil, seine Hilfe und Rettung erfahren. Jesus ist der Immanuel (auf Deutsch: „Gott ist mit uns"). Gott ist mit uns, das dürfen wir auch hier und jetzt erfahren und feiern. Wir grüßen unseren Herrn Jesus Christus, den Immanuel, in unserer Mitte.

KYRIE-RUFE

Herr Jesus Christus, Immanuel,
du bist unser Heil.
Herr, erbarme dich.
Du schenkst uns deine Hilfe.
Christus, erbarme dich.
Du bist unsere Rettung.
Herr, erbarme dich.

Mit Maria und Josef vertrauen wir darauf, dass Gott uns Leben und Heil schenkt. Zu ihm beten wir:

❖ Für alle Menschen, die sich auf das Geburtsfest Jesu vorbereiten: um die Erfahrung der Nähe Gottes, um Frieden und Freude. *Du „Gott mit uns". (A) Wir bitten dich, erhöre uns.*

❖ Für die kranken und einsamen Menschen: um die Zuwendung anderer und um die Erfahrung, dass Gott mit ihnen ist.

❖ Für die Menschen, die keinen Sinn in ihrem Leben sehen: um Offenheit für die Lebenszeichen und die Spuren Gottes in unserer Welt, um die Begegnung mit Immanuel.

❖ Für die Menschen, die im Advent nur Stress und Hektik erlebt haben: um Zeit zur Erholung und Besinnung.

❖ Für die Menschen, die in ihrer Umgebung unter Streit und Konflikten leiden: um Versöhnung und Vergebung.

❖ Für die Menschen, die in Kirche und Politik Verantwortung tragen: um die Bereitschaft, sich aufrichtig für das Wohl der ihnen anvertrauten Menschen einzusetzen.

❖ Für die Menschen im Heiligen Land und besonders in Betlehem, dem Geburtsort Jesu: um einen dauerhaften und gerechten Frieden.

Ewiger Gott, mit der Geburt deines Sohnes hast du uns ein Zeichen deiner Liebe und Güte geschenkt. Dafür danken wir dir jetzt und in Ewigkeit. Amen.

❖ Die Weihnachtszeit ❖

WEIHNACHTEN

IN DER HEILIGEN NACHT – **Geburtstag**

LIED ZUR ERÖFFNUNG GL 132 (KG 334) Es ist ein Ros entsprungen

EINFÜHRUNG

Wenn wir einen Geburtstag feiern, danken wir für das Geschenk des Lebens. Heute feiern wir einen ganz besonderen Geburtstag, den entscheidenden Geburtstag für uns alle. Jesus Christus, Gottes Sohn, der Retter, Erlöser und Heilbringer, das Wort Gottes ist Mensch geworden. Gottes Zusage ist uns Menschen zuteil geworden. Er nimmt uns, unser Leben an; er nimmt uns in seine Heilsgeschichte hinein. Diese Menschenfreundlichkeit Gottes gilt uns allen. Wir sind zusammengekommen, um das Kind in der Krippe anzubeten; wir sehen das Brot auf dem Altar. Wenn wir mit dem Herzen hinschauen, begreifen wir die Zeichen der Liebe; und wir empfangen, was wir sehen: die Gabe Gottes für das Leben der Welt.

KYRIE-RUFE GL 129 (KG 330)

ALLGEMEINES GEBET

Heute ist uns der Retter geboren, Christus, der Herr. Zu ihm beten wir voll Vertrauen:

❖ Für alle christlichen Kirchen und Gemeinschaften, die heute mit uns die Geburt Jesu Christi feiern.
Christus, höre uns. (A) Christus, erhöre uns.
oder: Liedruf GL 358,3 (KG 31,6)

❖ Für alle, die mit der Botschaft dieser heiligen Nacht nichts anzufangen wissen oder sie nicht verstehen können.

❖ Für alle, die einsam sind, für die Trauernden und Alleingelassenen, für die Verzweifelten und Hoffnungslosen, die nichts vom froh machenden Licht dieser Nacht spüren.

❖ Für alle, die unter Krieg, Streit und Ungerechtigkeit leiden und den Frieden dieser Nacht nicht erahnen.

❖ Für die Eltern, die ein Kind erwarten und es verantwortungsvoll erziehen möchten.

❖ Für unsere Verstorbenen um das ewige Leben.

Ewiger Gott, du erfüllst durch die Geburt deines Sohnes die Welt mit deinem Licht und bringst ihr deinen Frieden und deine Gerechtigkeit. Voll Freude gilt dir heute Nacht unser Dank und unser Lobpreis. Dir geben wir die Ehre jetzt, an allen Tagen unseres Lebens und in Ewigkeit. Amen.

AM TAG – Göttliche Liebe

LIED ZUR ERÖFFNUNG **GL 134 (KG 336)** Lobt Gott, ihr Christen alle
gleich

EINFÜHRUNG

Die Frage, warum Gott Mensch wurde, bewegt nicht nur Theologen,
sondern auch einfache Menschen. Im Tagesgebet des heutigen Fest-
gottesdienstes finden wir eine überraschende Antwort: Der Sohn Gottes wurde Mensch, damit wir Menschen teilhaben an seiner Gottheit.
Der nach dem Bild Gottes geschaffene Mensch erhält durch die
Menschwerdung Gottes eine noch höhere Würde: Als Brüder und
Schwestern Jesu Christi nimmt Gott uns an, wir werden Mitglieder
der Familie Gottes. Staunend stehen wir vor diesem Wunder der göttlichen Liebe und heißen Jesus Christus in unserer Mitte willkommen.

KYRIE-RUFE **GL 495,3 (KG 60,2)**

Jesus Christus hat das Licht Gottes in die Welt gebracht. Voll Vertrauen bitten wir ihn:

❖ Für die Menschen und Völker, die unter der Dunkelheit von Hass, Gewalt, Terror oder Krieg leiden: um Befreiung aus ihrer Not und Hoffnung durch die Menschwerdung Gottes.
Christus, höre uns. (A) Christus, erhöre uns.
oder: Liedruf GL 358,3 (KG 31,6)

❖ Für die Einsamen und Alleinstehenden: um gute Freunde und Aufnahme in eine gute Gemeinschaft.

❖ Für alle, die in diesen Tagen in Krankenhäusern und Pflegeheimen arbeiten: um Kraft und Freude im Dienst an den ihnen anvertrauten Menschen.

❖ Für die christlichen Kirchen und Gemeinschaften: um Überwindung der Spaltungen und baldige Einheit im Glauben.

❖ Für unsere Verstorbenen, die ihre Hoffnung ganz auf Gott gesetzt hatten: um Aufnahme in das ewige Leben.

Herr, unser Gott, in der Menschwerdung deines Sohnes hast du Himmel und Erde versöhnt. Dein Licht leuchtet uns und führt uns in dein Reich der Liebe und des Friedens. Dir gilt unser Dank und unser Lobpreis jetzt und in alle Ewigkeit. Amen.

HL. STEPHANUS – Konsequenzen

LIED ZUR ERÖFFNUNG GL 141 (KG 333) Ich steh an deiner Krippe hier

EINFÜHRUNG

Weihnachten – die Geburt des Sohnes Gottes hat Konsequenzen für uns Menschen, die in der Nachfolge Jesu Christi stehen. Dies wird schon am Tag nach Weihnachten, am Fest des ersten Märtyrers, deutlich. Die festliche liturgische Farbe Weiß verwandelt sich in Rot, die Farbe des Blutes. Krippe und Kreuz – beide aus Holz – gehören untrennbar zusammen. In einer Welt, die von Hass und Feindseligkeit geprägt ist, erfuhr Stephanus als erster, welche Konsequenzen die Nachfolge Jesu haben kann: Leid und Verfolgung bis zur Hingabe des eigenen Lebens. Er erfuhr aber auch, dass Christus uns den Weg zu Gott geöffnet hat. Der Himmel, das Reich Gottes steht uns offen!

KYRIE-RUFE GL 495,7 (KG 60,6)

ALLGEMEINES GEBET

Der heilige Stephanus war berufen, als erster dem Herrn bis in den Tod nachzufolgen. Er sah den Himmel offen und durfte in die Herrlichkeit Gottes eingehen. Zu Gott, der auch unsere Hoffnung ist, beten wir:

❖ Für die Kirche: um die Freiheit, die Bereitschaft und den Mut, unerschrocken Zeugnis zu geben von der Frohen Botschaft Jesu Christi. *Gott, du unsere Hoffnung: (A) Wir bitten dich, erhöre uns.*

❖ Für die Christen, die wegen ihres Glaubens unter Nachteilen, Spott oder Verfolgung leiden: um Kraft und Stärke aufgrund der Verheißungen Jesu Christi.

❖ Für die Diakone und ihre Familien; für alle, die an den Feiertagen für das Wohl anderer arbeiten: um Freude in ihrem Dienst an den Menschen.

❖ Wir beten auch für jene, die andere wegen ihrer Glaubensüberzeugung verfolgen: um Einsicht und Umkehr.

❖ Für alle, die ungerecht verurteilt wurden: um Gerechtigkeit hier auf Erden und um Trost durch die Erfahrung der Nähe Gottes.

Gott, unsere Hoffnung. Durch die Menschwerdung deines Sohnes schenkst du uns Anteil an deinem Leben. Wir danken dir für deine Zeugen und preisen dich mit allen Erlösten heute und alle Tage unseres Lebens bis in Ewigkeit. Amen.

LIED ZUR ERÖFFNUNG GL 140 (KG 337) Zu Betlehem geboren

EINFÜHRUNG

An den Feiertagen haben viele von uns die Gemeinschaft ihrer Familie mit ihren festen Bräuchen und Ritualen erlebt. Als der Sohn Gottes Mensch wurde, wuchs er in einer Familie heran. Jesus Christus teilte das Leben in der Gemeinschaft einer Familie mit ihren schönen Seiten, aber auch mit ihren Schwierigkeiten und Problemen. Im Vertrauen darauf, dass Gott auch unsere Familien und Gemeinschaften begleitet, grüßen wir unseren Herrn Jesus Christus hier in unserer Mitte.

KYRIE-RUFE

Herr Jesus Christus,
du bist unser Heil.
Herr, erbarme dich.
Du bist das Licht, das uns erleuchtet.
Christus, erbarme dich.
Du schenkst uns deinen Frieden.
Herr, erbarme dich.

ALLGEMEINES GEBET

Gott kennt die Sorgen und Nöte der Familien und aller Menschen. Ihm tragen wir voll Vertrauen unsere Anliegen vor:

❖ Wir beten für alle Menschen, die in Familien zusammenleben: um Zusammenhalt und Liebe zueinander in guten wie in schlechten Tagen.
Herr, höre unser Beten. (A) Herr, höre unser Beten.

❖ Wir beten für die Mütter und Väter, die ihre Kinder allein erziehen müssen: um gute Wegbegleiter, die ihnen beistehen.

❖ Wir beten für die Eltern, die von ihren Kindern verlassen wurden: um Überwindung ihrer Enttäuschung und neuen Lebensmut.

❖ Wir beten für die Kinder, die von ihren Eltern nicht verstanden werden: um neue Wege zu Verständigung und Gemeinschaft.

❖ Wir beten für die Jugendlichen und Heranwachsenden: um eine gute Zukunft auf dem Weg in die Selbständigkeit.

❖ Wir beten für alle, die allein leben: um die Erfahrung von Gemeinschaft und Geborgenheit durch gute Menschen.

Herr, unser Gott, durch deinen Sohn Jesus Christus hast du uns in die Gemeinschaft deiner großen Familie berufen. So gilt dir unser Dank und Lobpreis heute und in Ewigkeit. Amen.

HOCHFEST DER GOTTESMUTTER MARIA – Neujahr

LIED ZUR ERÖFFNUNG GL 143 (bes. Str. 2) Nun freut euch, ihr Christen *oder* GL 132 (KG 334) Es ist ein Ros entsprungen

EINFÜHRUNG

Neujahr, Oktavtag von Weihnachten, Hochfest der Gottesmutter Maria, Weltfriedenstag, dazu das Evangelium von der Namensgebung des Herrn: das sind viele Bezeichnungen für einen einzigen Tag, einen Tag, an dem uns ein neuer Anfang, eine neue Lebenszeit von Gott geschenkt wird. Wir schauen auf Jesus, den Beginn unseres Heiles, unserer Erlösung. Sein Name (Jeshua) bedeutet: Gott (Jahwe) rettet. Er ist unser Friede, geboren von Maria, unserer Schwester im Glauben. Sein Name ist Programm und Vorzeichen für unser Leben und auch für dieses neue Jahr des Herrn, das wir heute in seinem Namen beginnen.

KYRIE-RUFE GL 524 *oder:*

Herr Jesus Christus,
du Sohn des allmächtigen Vaters.
Herr, erbarme dich.
Du Licht, das jeden Menschen erleuchtet.
Christus, erbarme dich.
Du Beginn unseres Heiles.
Herr, erbarme dich.

Gott, unser Heil, in deinem Sohn Jesus Christus hast du der Welt Erlösung und deinen Frieden geschenkt. Wir vertrauen auf die Fürbitte der Gottesmutter Maria und beten zu dir:

❖ Für unseren Papst Benedikt und alle Hirten der Kirche: um die Gnade, glaubwürdig und überzeugend im Sinne Jesu zu wirken. *Herr, schenke ihnen dein Heil. (A) Herr, schenke ihnen dein Heil.*

❖ Für die Völker und Staaten unserer Erde: um eine gute Zukunft, in der Gerechtigkeit und Frieden herrschen.

❖ Für alle, die durch Krankheiten oder andere schwere Sorgen niedergeschlagen sind: um Trost, Zuversicht und Lebensmut am Beginn des neuen Jahres.

❖ Für die Menschen, die Angst vor der Zukunft haben: um Hoffnung und Vertrauen auf Gott.

❖ Für die Menschen, mit denen wir zusammenleben und die wir lieb haben: um Gottes Schutz und Segen in guten wie in bösen Tagen.

❖ Für alle, die in diesem Jahr sterben werden: um Aufnahme in das ewige Leben bei Gott.

Herr, unser Gott, wir vertrauen auf die Fürsprache der Gottesmutter Maria, die uns deinen Sohn geboren hat, den Retter der Welt. Dir danken wir und dich loben wir im Heiligen Geist, heute, alle Tage dieses Jahres und bis in Ewigkeit. Amen.

2. SONNTAG NACH WEIHNACHTEN – Das Wort

LIED ZUR ERÖFFNUNG GL 146 (KG 353) Ein Kind geborn zu Betlehem

EINFÜHRUNG

Das Wort Gottes ist Mensch geworden in seinem Sohn Jesus Christus. Dies feiern wir in dieser weihnachtlichen Festzeit. Staunend stehen wir vor diesem Geheimnis Gottes und seines Wirkens in unserer Welt, das wir immer neu erfahren dürfen, besonders wenn wir uns zum Gottesdienst versammeln. In dieser Feier sagen wir Dank für das Wort, das von Anfang an war und von dem wir bekennen: Das Wort war Gott. Wir danken Gott, unserem Vater, für seinen Sohn, den er uns geschenkt hat. Er wurde als Menschenkind geboren, damit wir Kinder Gottes werden, einander Schwestern und Brüder in der großen Familie Gottes. Wir öffnen unser Herz für das Wort Gottes und grüßen unseren Herrn und Bruder Jesus Christus hier in unserer Mitte.

KYRIE-RUFE

Herr Jesus Christus,
du Wort Gottes, das für uns Mensch geworden.
Herr, erbarme dich.
Du Licht, das jeden Menschen erleuchtet.
Christus, erbarme dich.
Du Herrlichkeit des einzigen Sohnes vom Vater.
Herr, erbarme dich.

Das Wort Gottes kam in unsere Welt und leuchtet in der Finsternis. Wir bitten unseren Herrn und Erlöser:

❖ Für alle, die in der Kirche eine besondere Verantwortung tragen und wichtige Entscheidungen treffen: um Wegweisung durch das Wort Gottes und um die Gaben des Heiligen Geistes.
Christus, du Licht der Welt: (A) Wir bitten dich, erhöre uns.

❖ Für die Völker und Staaten der Erde und für diejenigen, die sie regieren: um einen ernsthaften Willen zu Versöhnung, Frieden und Gerechtigkeit.

❖ Für die Menschen, die sich in Schuld und Versagen verstrickt haben: um die Erfahrung von Vergebung und um neue Perspektiven für ihr Leben.

❖ Für die Eltern und Erzieher und die Kinder und Jugendlichen: um gute Worte füreinander und um gegenseitige Bereicherung.

❖ Für alle, die beim Rückblick auf das Weihnachtsfest enttäuscht und traurig sind: um die Erfahrung der Liebe Gottes als Licht in ihrer Dunkelheit.

Gott, unser Vater, von dir kommt Licht und Leben. Dich loben und ehren wir, dir gilt unser Dank jetzt und in Ewigkeit. Amen.

LIED ZUR ERÖFFNUNG GL 144 Jauchzet, ihr Himmel *oder* GL 132 (KG 334) Es ist ein Ros entsprungen

EINFÜHRUNG

Fremde, Ausländer machen sich auf den Weg, verlassen ihre Heimat auf der Suche nach einem Sinn in ihrem Leben. Sie erkennen die Zeichen der Zeit und finden einen Wegweiser, der sie zu Jesus Christus führt. Ihnen ist ein Licht aufgegangen. Die Gelehrten in Jerusalem wissen zwar, wo der neugeborene König der Juden zu finden ist, verlassen aber nicht ihre gewohnte Umgebung. Sie sehen keinen Wegweiser, weil sie nicht offen sind für Neues und Ungewohntes. Mögen wir immer die Zeichen und Wegweiser erkennen, die uns zu Jesus Christus führen, damit wir ihm, wie die Sterndeuter aus dem Osten, huldigen.

KYRIE-RUFE: GL 524 *oder* GL 129 (KG 330)

Die Sterndeuter aus dem Osten haben einen Wegweiser zu Jesus Christus gesehen und ihn, das Leben der Welt, gefunden. Zu ihm beten wir voll Vertrauen:

❖ Für die orthodoxen Kirchen, denen der heutige Tag so wichtig ist wie uns das Weihnachtsfest: um Treue zur froh machenden Botschaft Jesu Christi.
Christus, du Licht für die Welt: (A) Wir bitten dich, erhöre uns.

❖ Für alle Christen: um die Gnade, leuchtende Zeichen für das Heil Gottes in unserer Welt zu sein, und um die Einheit im Glauben.

❖ Für die Kinder und Jugendlichen, die in diesen Tagen als Sternsinger unterwegs sind, und für die Erwachsenen, die sie begleiten und unterstützen: um die Erfahrung, dass Gottes Segen mit ihnen ist.

❖ Für diejenigen, die in diesen Tagen besonders unter dem Verlust eines lieben Menschen leiden: um Trost, Hoffnung und Zuversicht für ihren weiteren Lebensweg.

❖ Für unsere Verstorbenen: um die Geborgenheit in der Liebe Gottes.

Ewiger Gott, wir danken dir für Jesus Christus, der uns Wegweiser und Licht auf unserem Lebensweg durch diese Zeit geworden ist. Durch ihn loben und preisen wir dich im Heiligen Geist jetzt und alle Tage unseres Lebens bis in Ewigkeit. Amen.

TAUFE DES HERRN – Mitten unter den Menschen

LIED ZUR ERÖFFNUNG GL 147 Sieh, dein Licht will kommen *oder*
GL 134 (KG 336) Lobt Gott, ihr Christen alle gleich

EINFÜHRUNG

Heute – am Fest der Taufe des Herrn – feiern wir noch einmal das
Kommen des Sohnes Gottes in die Welt. Mitten unter den Menschen,
die Gott suchen und von ihm das Heil erwarten, ist Jesus Christus. Er
selbst ist der von Gott gesandte Heiland, der uns mit der Kraft des
Geistes Gottes aus Unfreiheit und Versagen herausführt. Dieser Geist
wurde uns in der Taufe geschenkt. Er macht uns zu Brüdern und
Schwestern Jesu. Er sendet uns, damit wir für unsere Mitmenschen
Boten der Freude sind. – Das Wasser, das jetzt über uns ausgesprengt
wird, erinnert uns an die Berufung, die uns als Getauften geschenkt
ist. In Dankbarkeit lassen wir uns neu in Dienst nehmen.
– *Sonntägliches Taufgedächtnis* –

KYRIE-RUFE

Herr Jesus Christus,
du bist Gottes geliebter Sohn.
> *Herr, erbarme dich*
Du bringst uns das Heil Gottes.
> *Christus, erbarme dich.*
Du schenkst uns die Gaben des Heiligen Geistes.
> *Herr, erbarme dich.*

Gott hat uns in der Taufe als seine Kinder angenommen. So wurden wir Geschwister Jesu. Voll Vertrauen bitten wir ihn:

❖ Wir beten um die Einheit aller, die an Christus glauben und getauft sind.
  Treuer Gott: (A) Wir bitten dich, erhöre uns.

❖ Wir beten um den Mut zur Umkehr für alle, die Schuld auf sich geladen haben.

❖ Wir beten um Geduld und Offenheit für diejenigen, die in Beratungsstellen arbeiten und Hilfsbedürftige begleiten.

❖ Wir beten um die Erleuchtung durch den Heiligen Geist für diejenigen, die nach Sinn und Ziel ihres Lebens fragen.

❖ Wir beten um Trost und Hilfe für die Trauernden, die einen lieben Menschen verloren haben.

❖ Wir beten um das ewige Leben für unsere Verstorbenen, besonders auch für die Opfer von Ungerechtigkeit, Gewalt und Katastrophen.

Ewiger Gott, auf dich vertrauen wir, denn du hast uns Jesus als den Heiland der Welt gesandt. Durch ihn sind wir befreit aus der Finsternis der Sünde, wir dürfen in deinem Licht leben. Wir danken dir, und loben und preisen dich jetzt und in Ewigkeit. Amen.

Die Fastenzeit
❖ ❖
Österliche Bußzeit

ASCHERMITTWOCH – Beten, Fasten, Almosen

LIED ZUR ERÖFFNUNG GL 160 Bekehre uns, vergib die Sünde *oder* GL 163 (KG 384) Aus tiefer Not schrei ich zu dir

EINFÜHRUNG

Heute beginnen wir die Österliche Bußzeit zur Vorbereitung der Feier des Todes und der Auferstehung Jesu Christi. Auf ihn, der Tod und Vergänglichkeit überwunden hat, weist uns letztlich das Zeichen der Vergänglichkeit, die Asche, hin, mit der wir uns bezeichnen lassen. Beten, Fasten und Almosengeben werden uns in diesen heiligen vierzig Tagen ans Herz gelegt. Beten meint: einen intensiven Dialog mit Gott pflegen im persönlichen Gebet, in der Mitfeier der Liturgie und im Lesen in der Heiligen Schrift. Fasten bedeutet: alle Hindernisse, die zwischen mir und Gott stehen, beseitigen. Und im Almosengeben, dem Teilen mit dem Nächsten, zeigt sich unsere Antwort auf die Liebe Gottes zu uns Menschen.

KYRIE-RUFE

Herr Jesus Christus,
du rufst uns Menschen zur Umkehr und Erneuerung.
Herr, erbarme dich.
Du siehst barmherzig auf unser Leben.
Christus, erbarme dich.
Du führst uns zur Einheit mit Gott, dem Vater.
Herr, erbarme dich.

ALLGEMEINES GEBET

Wir stehen vor dem lebendigen Gott und wenden uns vertrauensvoll mit unseren Anliegen an ihn:

❖ Wir beten für alle, die sich durch Beten, Fasten und Almosengeben auf die Feier des Todes und der Auferstehung Jesu Christi vorbereiten: um Wachstum im Glauben und in der Liebe.
Du Gott des Lebens: (A) Wir bitten dich, erhöre uns.

❖ Für alle, die mit der Verkündigung der Frohen Botschaft beauftragt sind: um die richtigen Worte, die die Herzen der Menschen erreichen.

❖ Für alle, die sich von Jesus Christus getrennt haben: um die Gnade der Umkehr.

❖ Für die Völker, Gruppen und Familien, die miteinander verfeindet und zerstritten sind: um Versöhnung, Frieden und Gerechtigkeit.

❖ Für alle, die in Angst und ohne Hoffnung leben: um neuen Lebensmut und Vertrauen auf Gottes Güte.

❖ Für unsere Toten, um die wir trauern: um Aufnahme in das ewige Leben.

Gott, unser Vater, du kennst unsere Anliegen, ob ausgesprochen oder nicht. Du stehst uns bei. Du hast uns in deiner Liebe deinen Sohn Jesus Christus geschenkt. Dafür danken wir dir im Heiligen Geist jetzt und in alle Ewigkeit. Amen.

1. FASTENSONNTAG – Zeit der Umkehr und Erneuerung

LIED ZUR ERÖFFNUNG GL 168 (KG 67) O Herr, nimm unsre Schuld

EINFÜHRUNG

Wir Menschen brauchen Feste und Feiern, Zeiten der Freude und Begeisterung, aber auch Zeiten der Stille, der Besinnung, der Umkehr und Erneuerung. Zu Besinnung, Umkehr und Erneuerung sind wir in diesen vierzig Tagen vor Ostern, in der Österlichen Bußzeit, die wir am vergangenen Mittwoch begonnen haben, eingeladen. Es ist die Zeit einer geistlichen Pilgerschaft auf Ostern hin. In ihr wird uns neu die Gnade und die Chance geschenkt, die Gemeinschaft mit unserem Herrn und Erlöser Jesus Christus zu vertiefen, dem wir seit unserer Taufe angehören. Vierzig Tage lang haben wir Zeit, etwas mehr von dem zu verstehen, was Christsein heißt und wie sich unser Leben aus dem Glauben im Alltag mit all seinen Versuchungen bewähren kann.

KYRIE-RUFE

Herr Jesus Christus,
du rufst uns Menschen zur Umkehr und Erneuerung.
Herr, erbarme dich.
Du hast dem Bösen widerstanden.
Christus, erbarme dich.
Du schenkst uns die Versöhnung mit Gott, dem Vater.
Herr, erbarme dich.

ALLGEMEINES GEBET

Voll Vertrauen beten wir zu unserem Herrn Jesus Christus, der dem Bösen in der Kraft des Heiligen Geistes widerstanden hat:

❖ Für unsere Kirche und alle christlichen Kirchen und Gemeinschaften: um Unabhängigkeit von weltlichen Mächten, und um den Mut, die Frohe Botschaft überall zu verkünden.
Christus, höre uns. (A) Christus, erhöre uns.

❖ Für die Völker der Erde und alle, die sie regieren: um Abkehr von Wegen des Hasses und um die Bereitschaft, Wege des Friedens und der Versöhnung zu gehen.

❖ Für alle, die Not leiden: um Bewahrung vor Verzweiflung und um effektive Hilfe.

❖ Für uns selbst: um ein besseres Verständnis dessen, was Christsein heißt, und um den Mut, unseren Glauben im Alltag zu leben und zu bezeugen.

❖ Für unsere Verstorbenen: um das ewige Leben in der österlichen Herrlichkeit.

Barmherziger Gott, dein Sohn hat in der Kraft des Heiligen Geistes die Macht des Bösen besiegt und uns ein Beispiel für das Leben aus dem Glauben gegeben. Dafür danken wir dir jetzt und in alle Ewigkeit. Amen.

2. FASTENSONNTAG – Tod und Auferstehung

LIED ZUR ERÖFFNUNG GL 616 „Mir nach", spricht Christus, unser Held (bes. Str. 2) *oder* GL 165 (KG 561) Sag ja zu mir, wenn alles nein sagt

EINFÜHRUNG

Schon immer beschäftigen sich Menschen mit der Frage: Was kommt nach dem Tod? Ist mit ihm alles aus und vorbei, oder geht es danach in irgendeiner Art und Weise weiter? Gibt es ein Weiterleben nach dem Tod, gibt es ewiges Leben, Auferstehung von den Toten? Auch die Jünger Jesu fragten einander, was das sei: von den Toten auferstehen. Seit dem ersten Ostern wussten sie es, obwohl es ihnen zunächst schwer fiel, zu begreifen. Aber sie hörten auf den geliebten Sohn Gottes und verkündeten seine Frohe Botschaft, so dass wir heute zumindest erahnen können, was das ist: Tod, Auferstehung, ewiges Leben. Bereiten wir uns vor auf die Begegnung mit dem lebendigen Gott, weil unser Leben seit unserer Taufe mit Jesus Christus verbunden ist.

KYRIE-RUFE

Herr Jesus Christus,
du bist Gottes geliebter Sohn.
Herr, erbarme dich.
Du bist das Mensch gewordene Wort Gottes.
Christus, erbarme dich.
Du bist von den Toten auferstanden.
Herr, erbarme dich.

In unserer Welt voller Fragen, Sorgen und Problemen wenden wir uns im Gebet an Gott, unseren Vater:

❖ Durch die Taufe sind die Christen als Licht für die Welt bestimmt. Wir beten für sie um Ermutigung für ihren Dienst an den Menschen.
Gott, unser Vater: (A) Wir bitten dich, erhöre uns.

❖ Armut, Hunger, Krankheiten, Kriege und Unruhen beherrschen viele Gegenden unserer Welt. Wir beten für die betroffenen Menschen und Völker um eine gerechte Verteilung der Güter unserer Erde, um Wohlergehen und Frieden.

❖ Erwachsene wie Kinder bereiten sich in dieser Zeit auf Taufe, Firmung und die erste heilige Kommunion vor. Für sie beten wir um Wachstum und Bewährung im Glauben.

❖ Menschen trauern, weil liebe Angehörige gestorben sind. Wir beten für sie um Kraft und Trost aus der christlichen Botschaft von Tod und Auferstehung.

Ewiger Gott, Jesus Christus erhellt unseren Weg auch in dunklen Stunden. Sein Licht über unserer Welt geht nicht unter, weil du die Menschen liebst. Dafür danken wir dir jetzt und in Ewigkeit. Amen.

3. FASTENSONNTAG – Gotteshaus und Gottesdienst

LIED ZUR ERÖFFNUNG GL 307 O ewger Gott, wir bitten dich *oder*
GL 622 (KG 547) Hilf, Herr, meines Lebens

EINFÜHRUNG

Jesus hat den Tempel in Jerusalem geehrt und geliebt. Er hat ihn das
Haus seines Vaters genannt. Er hat es nicht ertragen, dass dieses Gotteshaus entwürdigt wird. Er verlangt die richtige Einstellung zum Gottesdienst. Gotteshaus und Gottesdienst dürfen nicht zweckentfremdet
werden. Geschäftemacherei z. B. verträgt sich nicht mit ihnen. Zur
Gewissenserforschung in der Fastenzeit gehören auch die Fragen:
Wie steht es um unsere Einstellung zu unserem Gotteshaus und Gottesdienst? Haben sich Missstände eingeschlichen oder ungute Ge-
wohnheiten? Bevor wir das Wort Gottes hören und das Gedächtnis
Jesu Christi begehen, bereiten wir uns vor für die Begegnung mit
unserem Herrn und Erlöser.

KYRIE-RUFE

Herr Jesus Christus,
du hast uns durch deinen Tod am Kreuz erlöst.
Herr, erbarme dich.
Du befreist uns aus der Macht des Bösen.
Christus, erbarme dich.
Du rufst uns in deine Nachfolge.
Herr, erbarme dich.

Gott führt uns auf den Weg des Heiles. Ihn bitten wir voll Vertrauen:

❖ Für die Menschen, die ehrlichen Herzens nach dem richtigen Lebensweg suchen, besonders für jene, die in eine Krise geraten sind und eine neue Orientierung suchen müssen.
Gott, unser Vater: (A) Wir bitten dich, erhöre uns.

❖ Für alle, die das Wort Gottes mutig verkünden und dabei Ablehnung oder gar Spott und Verleumdung erfahren müssen.

❖ Für diejenigen, die Sorge tragen für die Würde des Gotteshauses und die würdige Feier des Gottesdienstes.

❖ Für die Verantwortlichen der Staaten und Völker, die sich für Frieden, Gerechtigkeit und die Bewahrung der Schöpfung einsetzen.

❖ Für alle, die mit der Gesetzgebung und dem Aufstellen von Ge- und Verboten beauftragt sind; und für jene, die beruflich über Recht und Unrecht entscheiden müssen.

Gott, unser Vater, du begleitest unseren Lebensweg und führst uns zum Heil. Wir danken dir und preisen dich jetzt und in Ewigkeit. Amen.

4. FASTENSONNTAG — Freude

LIED ZUR ERÖFFNUNG GL 519 (KG 42) Komm her, freu dich mit uns

EINFÜHRUNG

Die Fastenzeit ist keine Trauerzeit. Der vierte Fastensonntag hat schon seit vielen Jahrhunderten die Überschrift: „Laetare – Freue dich!" Mitten in der Zeit der Besinnung und Vorbereitung auf Ostern, mitten in unseren Alltag hinein eine Ermunterung zur Freude! Wir wissen, wie wichtig es ist, positiv gestimmt zu sein, und die kleinen Freuden des Alltags zu erkennen und bewusst zu erleben. Die Botschaft des heutigen Sonntags zielt auf eine tiefere und bleibende Freude. Es ist die Zuversicht und Hoffnung, dass trotz unseres Versagens und unser Schuld, trotz unserer Grenzen und Schwächen das Leben letzten Endes gelingt, weil wir es nicht allein zu leben haben. Denn Gott lebt es mit uns, in seinem Erbarmen und seiner Liebe dürfen wir uns aufgehoben wissen.

KYRIE-RUFE

Herr Jesus Christus,
du Licht Gottes in der Finsternis unserer Welt.
Herr, erbarme dich.
Du unsere Freude, Hoffnung und Zuversicht.
Christus, erbarme dich.
Du treuer Wegbegleiter unseres Lebens.
Herr, erbarme dich.

ALLGEMEINES GEBET

In Gottes Erbarmen und Liebe dürfen wir uns aufgehoben wissen. Voll Vertrauen beten wir zu ihm:

❖ Für die Menschen und Völker, die unter einer Diktatur, unter Gewalt, Ungerechtigkeit und Unfreiheit leiden.
Gott, unser Vater: (A) Wir bitten dich, erhöre uns.

❖ Für die Menschen, die im Glauben Halt, Sinn und Freude finden; und für jene, die unsicher, zögerlich, ängstlich und auf der Suche nach Orientierung für ihr Leben sind.

❖ Für diejenigen, die durch schwere Schicksalsschläge keine Hoffnung und keinen Trost mehr sehen.

❖ Für die Kinder, die im Elend leben und keine Chance zu einem menschenwürdigen Leben haben.

❖ Für unsere Verstorbenen, und für alle, die um einen lieben Menschen trauern.

Gott, unser Vater, dein Sohn kam in die Welt, damit wir das Leben haben und es einst in Fülle haben. Er ist bei uns alle Tage bis zur Vollendung der Welt. Wir danken dir und preisen dich jetzt und in Ewigkeit. Amen.

5. FASTENSONNTAG – Barmherzigkeit

LIED ZUR ERÖFFNUNG GL 166 (KG 380) O Mensch bewein dein Sünde groß

EINFÜHRUNG

Am heutigen Sonntag sind wir um unser Fastenopfer gebeten für die Armen und Notleidenden. Es wird uns damit in Erinnerung gerufen, dass die Vorbereitung auf Ostern keine Privatangelegenheit des Einzelnen bleiben darf, sondern die anderen mit einbeziehen muss – vor allem jene, denen es am Nötigsten fehlt. „Misereor" – wir werden an die Barmherzigkeit erinnert, mit der Jesus uns Menschen begegnet, damit wir das Leben haben. Wenn wir barmherzig sind, geben wir eigentlich nur das weiter, was wir selbst empfangen haben, nicht nur materielle Gaben, sondern die Barmherzigkeit Gottes, der das Leben ist und Leben schenkt. Bitten unseren Herrn und Gott um sein Erbarmen. – *Allgemeines Schuldbekenntnis – oder GL 163 (KG 384) Aus tiefer Not schrei ich zu dir*

KYRIE-RUFE

Herr Jesus Christus,
du bringst uns die Barmherzigkeit Gottes.
Herr, erbarme dich.
Du rufst uns in deine Nachfolge.
Christus, erbarme dich.
Du schenkst uns das ewige Leben.
Herr, erbarme dich.

Gott, unser Vater, aus Liebe zu uns Menschen hast du Jesus, deinen Sohn, zu uns gesandt. Im Vertrauen auf deine Barmherzigkeit bitten wir dich:

❖ Für die Kirche: um den Mut, besonders für die Armen und Entrechteten einzutreten.
Gott, unser Vater: (A) Wir bitten dich, erhöre uns.

❖ Für die Christen, die in Vergangenheit und Gegenwart aus Bosheit oder Unwissenheit Unrecht an fremden Völkern getan haben: um Umkehr und Vergebung.

❖ Für die Regierenden der Staaten und Völker: um tatkräftiges Eintreten für Frieden, Versöhnung und Gerechtigkeit unter allen Menschen.

❖ Für die Armen und Notleidenden in der Ländern der sogenannten Dritten Welt: um tatkräftige Hilfe und Rettung aus ihrer Not.

❖ Für die Menschen in unserem Land: um die Bereitschaft, solidarisch den Armen zu helfen und mit ihnen zu teilen.

Gott, unser Vater, du bist voll Güte und Barmherzigkeit. Du bist und schenkst das Leben. Dir gilt unser Dank und Lobpreis durch deinen Sohn im Heiligen Geist jetzt und in Ewigkeit. Amen.

PALMSONNTAG – Begleitung

LIED ZUR ERÖFFNUNG GL 197 (KG 415) Ruhm und Preis und Ehre sei dir

EINFÜHRUNG

(Findet eine Prozession statt, so ist hierfür die Einführung im Messbuch vorgesehen.) Heute eröffnen wir die Feier der Heiligen Woche und gedenken der letzten Tage Jesu in Jerusalem. Das, was damals geschah, hat etwas mit unserem Leben heute zu tun. Mit der Palmprozession und dem Gottesdienst feiern wir die Begegnung mit Jesus Christus. Wir sind mit ihm unterwegs, und er mit uns. Er begleitet unseren Lebensweg wie wir den seinen. Wir dürfen erfahren, dass am Ende nicht Kreuz und Tod siegen, sondern die Liebe und das Leben, trotz allem Leid, das wir in unserem Leben erfahren. In dieser gläubigen Hoffnung beginnen wir die Feier der Heiligen Woche.

KYRIE-RUFE GL 199 (KG 413)

Gott hat uns seinen Sohn Jesus Christus gesandt, um uns den Weg zum Heil zu eröffnen. Voll Vertrauen wenden wir uns an ihn und beten:

❖ Für unsere Geschwister im Glauben, die unter Angst, Not, Verzweiflung oder Verfolgung leiden: um Mut und Hoffnung für ihren Lebensweg.
Gott, unser Vater: (A) Wir bitten dich, erhöre uns.

❖ Für die Menschen, Gruppen und Völker, die im Heiligen Land leben: um Gerechtigkeit, Frieden und gegenseitige Toleranz.

❖ Für alle, die in der kommenden Osternacht getauft werden; für die Kinder, die sich auf den ersten Empfang der heiligen Kommunion vorbereiten; für die Jugendlichen, die in diesem Jahr die Firmung empfangen möchten: um Wachstum und Freude im Glauben; um die Erfahrung, dass Jesus Christus ihren Lebensweg begleitet.

❖ Für die alten und kranken Menschen, die in besonderer Weise Anteil am Leiden Jesu haben: um Kraft und Stärke.

❖ Für alle, deren irdisches Leben zu Ende geht: um eine gute Sterbestunde und Aufnahme in das ewige Leben.

Gott, unser Vater, dein Sohn Jesus Christus begleitet unseren Lebensweg auch durch Leid und Tod. Dir gilt unser Dank, und dich ehren wir jetzt und in Ewigkeit. Amen.

❖ Die Drei Österlichen Tage ❖
und die Osterzeit

LIED ZUR ERÖFFNUNG **GL 537** (KG 138) Beim letzten Abendmahle

EINFÜHRUNG

Die heiligen vierzig Tage sind zu Ende und wir stehen am Beginn der Feier der Drei Österlichen Tage vom Leiden, vom Tod und von der Auferstehung unseres Herrn Jesus Christus. Das letzte Mahl Jesu mit seinen Jüngern, sein Tod am Kreuz, seine Auferweckung durch Gott am dritten Tag: hier entfaltet sich eine unfassbare Wahrheit. Gott liebt die Menschen; er liebt sie, auch wenn sie es nicht wissen oder nicht wollen. In dankbarer Erinnerung feiern wir diese Liebe Gottes zu uns Menschen, die er uns in Jesus Christus schenkt, die uns neues Leben ermöglicht. Diese Liebe will uns verwandeln zu Schwestern und Brüder Jesu Christi, die seinem Beispiel der dienenden Liebe folgen können. So grüßen und preisen wir unseren Herrn Jesus Christus, den Retter der ganzen Welt, hier in unserer Mitte.

KYRIE-RUFE

Herr Jesus Christus,
du hast uns das Gastmahl deiner Liebe gestiftet.
Herr, erbarme dich.
Du schenkst uns dich selber als Speise für das ewige Leben.
Christus, erbarme dich.
Du hast uns erlöst durch deinen Tod und deine Auferstehung.
Herr, erbarme dich.

ALLGEMEINES GEBET

Ewiger Gott, Jesus Christus hat beim letzten Abendmahl ein Zeichen seiner Liebe gegeben. Seinem Beispiel folgend treten wir für unsere Schwestern und Brüder ein und beten:

❖ Für alle Mitglieder der verschiedenen christlichen Kirchen und Gemeinschaften: um die Überwindung der Spaltungen; um die Einheit im Glauben und am Tisch unseres gemeinsamen Herrn Jesu Christi.
Du Gott der Liebe (A) Wir bitten dich, erhöre uns.

❖ Für alle Getauften: um Freude und Kraft im Glauben und in der Liebe sowie eine segensreiche Feier der Drei Österlichen Tage.

❖ Für die, die unter Krankheit, Armut oder anderen Nöten leiden: um geschwisterliche Hilfe durch ihre Mitmenschen.

❖ Für alle, deren Engagement für andere missverstanden oder mit Argwohn betrachtet wird: um Ermutigung für ihren Dienst, den sie leisten.

❖ Für jene, die in den Krisen- und Kriegsgebieten unserer Erde leben: um das Ende der Unruhen; um die Heilung der Wunden, die Menschen und Völkern geschlagen wurden.

Heiliger Gott, dein Sohn Jesus Christus hat uns den Weg zum Leben erschlossen. Wir danken dir für deine Liebe und preisen dich jetzt und in Ewigkeit. Amen.

ALLGEMEINES GEBET

In dieser hochheiligen Nacht beten wir aus ganzem Herzen um die Fülle der Erlösung für die ganze Welt:

❖ Wir beten für das jüdische Volk, zu dem Gott zuerst gesprochen hat: um Treue zu seinem Bund und Liebe zu seinem Namen.
Gott, unser Vater: (A) Wir bitten dich, erhöre uns.
oder: Liedruf GL 358,3 (KG 31,6)

❖ Wir beten für alle, die in dieser Nacht oder in diesen Tagen die Taufe empfangen: um ein Leben in Zuversicht und Treue.

❖ Wir beten für unsere Kirche und alle christlichen Kirchen und Gemeinschaften: um österliche Freude, um Einheit im Glauben und Frieden zwischen allen Christen.

❖ Wir beten für die Arbeitslosen, die Gastarbeiter, die Kranken, die Trauernden, die Gefangenen und für alle, die nicht zur Osterfeier kommen können: um Kraft und Trost aus dem österlichen Leben.

❖ Wir beten für die Menschen, die durch die Ungerechtigkeit und das sinnlose Leid in der Welt den Glauben an Gott verloren haben: um die Erkenntnis Gottes und das Entdecken seiner Spuren in unserer Welt.

❖ Wir beten für die Mächtigen in Politik und Gesellschaft: um einen guten Blick für das Wohlergehen ihrer Mitmenschen.

❖ Wir beten für unsere Verstorbenen: um Anteil an der Auferstehung und am ewigen Leben.

Gott des Lebens, du schaust in Gnaden auf dein Volk, das getauft ist auf den Tod und die Auferstehung deines Sohnes Jesus Christus. Durch ihn danken wir dir, wir loben und preisen dich jetzt und alle Tage unseres Lebens bis in Ewigkeit. Amen.

LIED ZUR ERÖFFNUNG GL 220 (KG 455) Das ist der Tag, den Gott gemacht

EINFÜHRUNG

Die Osterkerze, Licht in der Osternacht, leuchtet uns auch heute als Sinnbild des Auferstandenen. An ihm entzündet sich unser Glaube. Im Licht dieses Glaubens gehen wir unseren Lebensweg. Am Glauben des einen Christen entzündet sich der des anderen. Die Osterkerze brennt immer, wenn jemand getauft wird, zum Licht Jesu Christi auferweckt wird. Alle Gnade, alles Licht für unseren Lebensweg geht von der Auferstehung Jesu aus. Voll Freude grüßen wir ihn, das Licht der Welt, lobend und preisend hier in unserer Mitte.

KYRIE-RUFE GL 213 (KG 436) *oder* GL 495,5 (KG 60,4)

ALLGEMEINES GEBET

In österlicher Freude um Jesus Christus versammelt wenden wir uns in den Anliegen der Welt an den Gott des Lebens:

❖ Wir beten für alle, die in der Osternacht aus dem Wasser der Taufe das neue Leben in Christus empfangen haben.
Gott des Lebens: (A) Wir bitten dich, erhöre uns.

❖ Wir beten für unsere Gemeinde und für alle Menschen, die hier in unserer Stadt (in unscrcm Dorf) mit uns zusammen leben.

❖ Wir beten für die Menschen, die krank, verzweifelt oder einsam sind und um die sich niemand kümmert.

❖ Wir beten für alle, die im Gesundheitswesen und in caritativen Berufen tätig sind, die sich für das Wohl und die Würde des Lebens einsetzen.

❖ Wir beten für die Regierenden auf der ganzen Erde, die sich ihrer Verantwortung bewusst sind und nach Wegen zu Frieden und Gerechtigkeit suchen.

❖ Wir beten für unsere Verstorbenen, um die wir trauern, die uns im Licht des Glaubens vorausgegangen sind.

Gott des Lebens, in der Auferstehung deines Sohnes hast du uns eine neue Zukunft eröffnet. Er ist das Licht unseres Lebens und Glaubens. Dir gilt unser Dank, dich loben und preisen wir jetzt und alle Tage unseres Lebens bis in Ewigkeit. Amen.

OSTERMONTAG – Unterwegs

LIED ZUR ERÖFFNUNG GL 223 (KG 447) Wir wollen alle fröhlich sein

EINFÜHRUNG

Manche nutzen die Feiertage für einen Kurzurlaub, andere für Besuche. Auch wir haben uns auf den Weg gemacht; wir sind zum Gottesdienst gekommen. Worüber haben wir unterwegs gesprochen? Über Banalitäten, über freudige Erfahrungen und Erlebnisse, über unsere Sorgen und Nöte? Im Gespräch wird uns manches klarer. Dies kann auch hier im Gottesdienst geschehen, wenn wir das Wort Gottes hören und von den Erfahrungen und Erlebnissen der Jünger hören und im Gebet mit Jesus Christus sprechen. Ihn, unseren Wegbegleiter, grüßen wir im Kyrie als unseren Herrn und Bruder in unserer Mitte.

KYRIE-RUFE

Herr Jesus Christus,
du bist von den Toten auferstanden.
Herr, erbarme dich.
Du bist uns vorausgegangen in Gottes Herrlichkeit.
Christus, erbarme dich.
Du begleitest uns auf unserem Lebensweg.
Herr, erbarme dich.

Gott begleitet uns durch seinen Sohn Jesus Christus auf unserem Weg durch die Zeit. Voll Vertrauen beten wir zu ihm:

❖ Für alle Getauften: um die Erfahrung, dass Jesus Christus ihnen in ihrem Leben ein guter Wegbegleiter ist.
Gott, du Freund der Menschen: (A) Wir bitten dich, erhöre uns.

❖ Für die Mächtigen der Erde: um Weisheit und Klugheit bei ihren Entscheidungen und ihrem Handeln.

❖ Für alle, die allein gelassen und einsam sind; für die, die von Sorgen und Nöten niedergedrückt werden: um Menschen, die ihnen beistehen und helfen können.

❖ Für alle, deren irdisches Leben dem Ende nahe ist: um die Erfahrung, dass Jesus auch am Abend ihres Lebens bei ihnen ist.

❖ Für unsere Verstorbenen, um die wir trauern: um die Auferstehung und das ewige Leben.

Du Leben spendender Gott, wir danken dir für die Botschaft von der Auferstehung deines Sohnes, der immer mit uns auf dem Weg ist. Durch ihn preisen und loben wir dich im Heiligen Geist jetzt und in Ewigkeit. Amen.

2. SONNTAG DER OSTERZEIT

WEISSER SONNTAG – **Begegnung**

LIED ZUR ERÖFFNUNG **GL 220** (KG 455) Das ist der Tag ...

EINFÜHRUNG

Wir feiern heute den Weißen Sonntag. Sein Name leitet sich von dem alten Brauch her, dass die in der Osternacht Getauften die ganze Osterwoche in den Gottesdiensten weiße Gewänder trugen, die sie an diesem Sonntag wieder ablegten. In unseren Gemeinden empfangen heute oder an den nächsten Ostersonntagen viele Kinder zum ersten Mal die heilige Kommunion. Auch wir sind eingeladen, dem Auferstandenen leibhaftig zu begegnen: im Wort der Heiligen Schrift und in der heiligen Eucharistie. Hier im Gottesdienst, in der Begegnung mit dem Auferstandenen, finden wir Kraft und Stärke für unseren Glauben, der im Alltag mitunter durch Sorgen, Nöte und Zweifel angefochten ist, uns den Alltag aber auch zu bestehen hilft. Erfüllt von Hoffnung und Vertrauen grüßen wir den Auferstandenen hier in unserer Mitte:

KYRIE-RUFE

Herr Jesus Christus,
du begegnest uns im Wort der Heiligen Schrift.
Herr, erbarme dich.
Du begegnest uns in der heiligen Eucharistie.
Christus, erbarme dich.
Du schenkst uns Kraft und Stärke für unseren Lebensweg.
Herr, erbarme dich.

ALLGEMEINES GEBET

Lasst uns zum Gott unserer Hoffnung beten, der uns in seinem Sohn Jesus Christus begegnet:

❖ Für die Völker Europas und für alle, die sie regieren: um Erneuerung und Stärkung des Glaubens an den Auferstandenen.
Du Hoffnung schenkender Gott: (A) Wir bitten dich, erhöre uns.

❖ Für die Zweifelnden und alle, die auf der Suche sind nach dem Sinn ihres Lebens: um die Gnade des Glaubens.

❖ Für die Kinder, die heute (in diesen Wochen) zum ersten Mal zum Tisch des Herrn geladen sind: um Freude und Wachstum im Glauben.

❖ Für uns, die wir hier versammelt sind: um die Kraft des Glaubens, der uns hilft, den Alltag zu bestehen.

❖ Für alle, die von uns gegangen sind und um die wir trauern: um die Erfüllung ihrer Hoffnung auf das ewige Leben.

Ewiger Gott, durch deinen Sohn Jesus Christus kommst du uns entgegen und stärkst unseren Glauben, so dass wir leben können. Dir sei Dank, Lob und Ehre jetzt und in Ewigkeit. Amen.

3. SONNTAG DER OSTERZEIT – Revolution

LIED ZUR ERÖFFNUNG **GL 224** (KG 445) Vom Tode heut erstanden ist

EINFÜHRUNG

Die Osterbotschaft scheint einfach: Jesus ist von den Toten auferweckt worden, er ist auferstanden. Dennoch: Die Erfahrung, dass der Gekreuzigte lebt, war eine Revolution. Seitdem gilt nichts mehr von dem, was bisher zu gelten schien: die Macht der Mächtigen, die Ohnmacht der Kleinen, die Unerbittlichkeit des Todes, die Erfolglosigkeit der Liebe, Angst und Resignation. Diese Erfahrung, die die Jünger Jesu damals machten, können wir heute in unserem alltäglichen Leben auch wahrnehmen: die Wirklichkeit seiner österlichen Gegenwart. Er tritt jetzt in unsere Mitte und ist mit uns.

KYRIE-RUFE

Herr Jesus Christus,
du bist von den Toten auferstanden.
Herr, erbarme dich.
Du bist den Jüngern erschienen.
Christus, erbarme dich.
Du hast uns berufen, deine Zeugen zu sein.
Herr, erbarme dich.

Im fürbittenden Gebet wenden wir uns an Gott, der seinen Sohn zum Leben auferweckt hat:

❖ Die Kirche ist aus sündigen und schwachen Menschen gebaut. Wir beten für alle Getauften um die Vollendung dessen, was menschliche Kräfte nicht vermögen.
Gott, unser Vater: (A) Wir bitten dich, erhöre uns.

❖ Jesus hat dem reuigen Schächer am Kreuz Verzeihung gewährt. Wir beten für diejenigen, die Schuld auf sich geladen haben, um Umkehr und Vergebung.

❖ Den Jüngern hat Jesus beim österlichen Mahl die Augen geöffnet für das Verständnis der heiligen Schrift. Wir beten für die Menschen, die im Dunkel der Fragen, Zweifel und Angst den Weg nicht mehr finden, um das Licht und die Erkenntnis Gottes.

❖ In das Reich des Todes ist Jesus hinabgestiegen und hat die Botschaft vom Leben gebracht. Wir beten für unsere verstorbenen Schwestern und Brüder um die Aufnahme in das ewige Leben.

Gott, unser Vater, du hast deinen Sohn Jesus Christus auf dem Weg des Kreuzes zur Auferstehung geführt und uns das Leben neu geschaffen. Dir gebührt unser Dank, dich ehren, loben und preisen wir jetzt und in Ewigkeit. Amen.

4. SONNTAG DER OSTERZEIT – Welche Stimme ist wichtig?

LIED ZUR ERÖFFNUNG GL 474 (KG 40) Nun jauchzt dem Herren, alles Welt (bes. Str. 3)

EINFÜHRUNG

Viele Stimmen dringen täglich auf uns ein. Große Erwartungen werden geweckt; Freiheit, Glück, Gesundheit, Reichtum und vieles andere mehr wird versprochen. Welche Stimme ist wichtig, welche richtig? Worauf sollen wir hören? Wem können wir vertrauen? – Wir haben uns entschieden und sind der Stimme Gottes gefolgt, der uns durch Jesus Christus beim Namen gerufen und uns in der Taufe österliches Leben geschenkt hat. Wenn wir nun in der Erinnerung an unsere Taufe mit dem geweihten Wasser besprengt werden, öffnen wir uns für die heilende Begegnung mit ihm. – *Sonntägliches Taufgedächtnis*

KYRIE-RUFE

Herr Jesus Christus,
du bist der Gute Hirte.
  Herr, erbarme dich.
Du rufst uns bei unserem Namen.
  Christus, erbarme dich.
Du schenkst uns ewiges Leben.
  Herr, erbarme dich.

ALLGEMEINES GEBET

Gott ist der gute Hirte seines Volkes. Voll Vertrauen tragen wir ihm unsere Bitten vor:

❖ Für die Kirche in unserem Land: um gute Bischöfe, Priester, Diakone, Ordensleute, Seelsorger und Seelsorgerinnen.
Guter Hirte: (A) Nimm an unser Gebet.

❖ Für unsere Gemeinden und Familien: um ein gutes Klima, in dem geistliche Berufe entstehen können.

❖ Für die Regierenden und Mächtigen in der Wirtschaft: um gute Ratgeber.

❖ Für die Benachteiligten und Notleidenden in unserer Gesellschaft: um Menschen, die ihnen beistehen.

❖ Für die Menschen und Völker, die unter Streit, Zwietracht, Hass oder Krieg leiden: um Frieden und Gerechtigkeit.

❖ Für unsere Verstorbenen: um die Erfüllung ihrer Hoffnung auf das ewige Leben.

Ewiger Gott, dein Sohn ist die Stimme, die uns gerufen hat; er ist die Tür, durch die wir zu dir gelangen. Durch ihn danken wir dir, wir loben und preisen dich jetzt und in Ewigkeit. Amen.

5. SONNTAG DER OSTERZEIT – Verbundenheit

LIED ZUR ERÖFFNUNG **GL 220 (KG 455)** Das ist der Tag, den Gott gemacht

EINFÜHRUNG

Zum Gottesdienst haben wir uns versammelt, um miteinander unseren Glauben zu feiern. Wir wissen uns mit Jesus Christus verbunden und bekennen uns zu ihm. Wir sind durch die Taufe eingegliedert in seinen Leib, die Kirche. Wer so in Verbundenheit mit Jesus Christus seinen Weg geht und Gemeinschaft mit ihm hat, der hat das Leben in Fülle. Unsere lebendige Beziehung zu Jesus Christus feiernd grüßen wir den auferstandenen Herrn in unserer Mitte.

KYRIE-RUFE

Herr Jesus Christus,
du bist der Weinstock, wir die Reben.
   Herr, erbarme dich.
Durch die Taufe sind wir mit dir verbunden.
   Christus, erbarme dich.
Du willst immer bei uns bleiben.
   Herr, erbarme dich.

ALLGEMEINES GEBET

„Bittet um alles, was ihr wollt: Ihr werdet es erhalten." Im Vertrauen auf diese Zusage Jesu an die Menschen, die mit ihm verbunden sind, wenden wir uns mit unseren Anliegen an Gott, unseren Vater:

❖ Wir beten für die Christen: um ein lebendiges Bewusstsein ihrer Verbundenheit mit Gott und Jesus Christus.
   Herr, erhöre uns. (A) Herr, erhöre uns.

❖ Für alle, die in unserer Kirche und in unserer Gemeinde leben und arbeiten: um die Bereitschaft und die Fähigkeit, die Frohe Botschaft Jesu heute überzeugend und begeisternd zu verkünden.

❖ Für diejenigen, die sich aus Enttäuschung oder Gleichgültigkeit von der Kirche abgewandt haben; und für alle, die nicht glauben können: um Offenheit für die froh machende Botschaft Jesu Christi.

❖ Für die Familien und die Menschen, die in anderen Gemeinschaften miteinander leben: um eine tiefe Verbundenheit miteinander und zu Jesus Christus.

❖ Für diejenigen, deren Verbundenheit zu anderen durch Streit, Trennung oder Tod verlorengegangen ist: um Trost, Kraft und Mut zu einem Neubeginn.

Ewiger Gott, durch die Taufe sind wir Glieder am Leib Christi und deine Kinder geworden. Durch ihn und im Heiligen Geist loben und preisen wir dich jetzt und in Ewigkeit. Amen.

6. SONNTAG DER OSTERZEIT — Konsequenzen

LIED ZUR ERÖFFNUNG GL 635 (KG 4) Ich bin getauft und Gott geweiht

EINFÜHRUNG

Fünfzig Tage lang feiern wir die Auferstehung Jesu Christi. Sie soll unser ganzes Leben prägen und verwandeln, denn auch wir sind zur Auferstehung berufen. Das hat Konsequenzen für unser christliches Selbstverständnis und wirkt sich schon jetzt in unserem Leben aus. Wir sind nicht mehr nur Geschöpfe, nicht nur Knechte, sondern auserwählte Freunde Gottes. Wir sind berufen, schon jetzt in engster Gemeinschaft mit Jesus Christus zu leben, ihm verbunden durch das Band der Liebe. Und so wie er uns geliebt hat, sollen wir einander lieben. Ihn, der uns liebt und seine Freunde nennt, grüßen wir als Herrn in unserer Mitte.

KYRIE-RUFE

Herr Jesus Christus,
du hast uns Kunde von der Liebe Gottes gebracht.
Herr, erbarme dich.
Du nennst uns nicht Knechte, sondern Freunde.
Christus, erbarme dich.
Du führst uns in das Reich deines Vaters.
Herr, erbarme dich.

ALLGEMEINES GEBET

Jesus Christus hat uns die Kunde von der Liebe Gottes gebracht und uns seine Freunde genannt. Voll Vertrauen bitten wir ihn:

❖ Für alle Menschen, die nach Sinn und Hoffnung in ihrem Leben suchen: um die Erkenntnis Gottes.
Christus, höre uns. (A) Christus erhöre uns.

❖ Für die Neugetauften: um Wachstum im Glauben und in der Liebe.

❖ Für die Menschen, die keine Freunde und keine Angehörigen haben: um die Erfahrung der Nähe Gottes.

❖ Für alle, die eine Führungsaufgabe in der Kirche haben: um die Gaben des Heiligen Geistes.

❖ Für die Kranken und Leidenden: um Trost, Hoffnung und Genesung.

❖ Für die Toten, um die wir trauern: um Aufnahme in das ewige Leben.

Herr, unser Gott, wie unter Freunden setzen wir auf dich unser Vertrauen. Wir danken dir für deine Liebe und loben und preisen dich jetzt und in Ewigkeit. Amen.

CHRISTI HIMMELFAHRT – Himmelfahrtskommando

LIED ZUR ERÖFFNUNG GL 229 (KG 473) Ihr Christen, hoch erfreuet euch

EINFÜHRUNG

Was ein Himmelfahrtskommando ist, wissen wir alle. Vor allem im Krieg ist es ein Auftrag, der den Beauftragten in große Gefahr bringt, ihm wahrscheinlich das Leben kosten wird; es ist eine Bewegung zum Tode. Christi Himmelfahrt ist dagegen eine Bewegung zum Leben, vom irdischen Dasein hin zu himmlischer Lebensfülle. Durch die Himmelfahrt Jesu werden wir Menschen hineingenommen in diese Bewegung zum Leben, die nicht in Leid, Schuld und Tod stehen bleibt. Sie führt uns hin zum lebendigen Gott, von dem Christus uns den Heiligen Geist sendet, der uns befähigt, die Frohe Botschaft aller Welt zu verkünden.

KYRIE-RUFE GL 228 (KG 474) *oder:*

Herr Jesus Christus,
aufgenommen in den Himmel sitzt du zur Rechten Gottes.
   Herr, erbarme dich.
Von Gott her sendest du uns die Kraft des Heiligen Geistes.
   Christus, erbarme dich.
Du sendest uns, dein Evangelium zu verkünden.
   Herr, erbarme dich.

ALLGEMEINES GEBET

Vertrauensvoll wenden wir uns an Jesus Christus, der bei Gott, dem Vater, für uns eintritt, und bitten ihn:

❖ Für alle Christen: um Stärkung ihrer Berufung durch den Heiligen Geist und der Hoffnung auf die Verheißungen Gottes.
Christus, höre uns. (A) Christus, erhöre uns.

❖ Für die Frauen und Männer, die als Missionare ausgesandt sind, den Glauben zu bezeugen: um Glaubwürdigkeit in der Verkündigung der Frohen Botschaft durch die Kraft des Heiligen Geistes.

❖ Für die Entscheidungsträger und Verantwortlichen in Staat und Gesellschaft: um die Erkenntnis dessen, was dem Frieden und der Gerechtigkeit für alle Menschen dient.

❖ Für die an Leib oder Seele Kranken, für alle Notleidenden: um den Beistand des Heiligen Geistes und die Hilfe guter Menschen.

❖ Für unsere Verstorbenen: um die Erfüllung ihrer Hoffnung auf das ewige Leben.

Ewiger Gott, du bist Ursprung und Ziel unseres Lebens. Durch die Himmelfahrt deines Sohnes, unseres Bruders Jesus Christus, wissen wir, das wir umfangen sind von deinem Leben und deiner Liebe. Mit großem Dank loben und preisen wir dich hierfür jetzt und in Ewigkeit. Amen.

7. SONNTAG DER OSTERZEIT – Beten

LIED ZUR ERÖFFNUNG GL 241 Komm, Heilger Geist, der Leben schafft *oder* GL 644 (KG 509) Sonne der Gerechtigkeit

EINFÜHRUNG

Jesus ist nicht gekommen, um alle Probleme zu lösen, sondern um Gott in unserer Welt sichtbar zu machen. Er ist der Weg Gottes zu uns Menschen und der Weg, auf dem wir zu Gott kommen. Durch ihn haben wir Gott erkannt und sein Wort angenommen. Er tritt bei Gott für uns ein. Er hat für die ihm Anvertrauten, für uns, gebetet und uns so ein Beispiel für unser Beten gegeben. Deshalb haben wir uns zum Gebet versammelt und um für den Dienst Gottes an uns Menschen zu danken. Auch wenn wir ihn nicht sehen, so wissen wir doch, dass Jesus Christus unter uns ist und uns seinen Beistand verheißen hat. Wir grüßen ihn als unseren Herrn in unserer Mitte.

KYRIE-RUFE

Herr Jesus Christus,
du lebst in Gottes Herrlichkeit.
Herr, erbarme dich.
Du hast uns Gott offenbart.
Christus, erbarme dich.
Du sendest uns den Heiligen Geist.
Herr, erbarme dich.

ALLGEMEINES GEBET

Jesus Christus ist zu Gott, seinem und unserem Vater, heimgekehrt. Zu ihm lasst uns voll Vertrauen beten:

❖ Für alle christlichen Kirchen und Gemeinschaften: um Einheit im Glauben und um den Heiligen Geist, der zusammenführen kann, was getrennt ist.
Gott, unser Vater: (A) Wir bitten dich, erhöre uns.

❖ Für die Verantwortlichen in Politik und Wirtschaft: um den Geist des Friedens, der Gerechtigkeit und der Versöhnung.

❖ Für die Kranken und Notleidenden: um den Geist des Trostes und der Stärke.

❖ Für die Getauften, die sich vom Glauben abgewandt haben: um die Erkenntnis Gottes.

❖ Für die Menschen, denen wir unser Gebet versprochen haben: um den Beistand und die Hilfe des Heiligen Geistes.

Gott, unser Vater, wir haben dich durch deinen Sohn Jesus Christus erkannt. So wie er dich verherrlicht hat, so ehren auch wir dich und bringen dir im Heiligen Geist unseren Dank und unseren Lobpreis dar jetzt und in Ewigkeit. Amen.

PFINGSTSONNTAG – Erfüllung

LIED ZUR ERÖFFNUNG GL 245 (228) Komm, Schöpfer Geist, kehr bei uns ein

EINFÜHRUNG

Pfingsten ist das Fest der Erfüllung und Vollendung, die Frucht von Ostern. Pfingsten ist die Bestätigung der Auferstehung Jesu, seiner Erhöhung zu Gott, dem Vater, und seiner bleibenden Gegenwart bei der Gemeinde seiner Gläubigen. Die Verheißung Jesu hat sich erfüllt, und sie erfüllt sich weiter in der Zeit der Kirche. Sie wird man daran erkennen und danach beurteilen, ob sie dem Wirken des Heiligen Geistes Raum gibt und in allen Sprachen den Menschen die Botschaft Gottes zu bringen vermag. Der Heilige Geist will auch heute in unserer Zeit zu uns Gläubigen kommen, unsere Herzen erfüllen und das Feuer seiner Liebe entzünden.

KYRIE-RUFE GL 246 (KG 480) *oder:*

Herr Jesus Christus,
du stärkst uns mit den Gaben des Heiligen Geistes.
Herr, erbarme dich.
Du bist unser Friede und unsere Freude.
Christus, erbarme dich.
Du sendest uns, dein Evangelium zu verkünden.
Herr, erbarme dich.

ALLGEMEINES GEBET

Jesus Christus hat uns den Beistand, den Heiligen Geist, von Gott, dem Vater, gesandt. Wir bitten voll Vertrauen:

❖ Um den Geist der Einheit, der die Spaltung der Christenheit überwindet, die getrennten Kirchen zusammenführt und Einheit stiftet. *Komm, Heiliger Geist. (A) Komm, Heiliger Geist.*

❖ Um den Geist, der den Kranken und Leidenden Linderung ihrer Schmerzen und Heilung schenkt.

❖ Um den Geist, der den Einsamen, Betrübten und Trauernden neuen Mut und neue Zuversicht gibt.

❖ Um den Geist, der Hass und Streit überwindet und Frieden und Versöhnung stiftet zwischen verfeindeten Menschen und Völkern.

❖ Um den Geist, der die Mächtigen und Einflussreichen unserer Welt zum Wohl aller Menschen wirken lässt.

❖ Um den Geist, der unsere Verstorbenen zum ewigen Leben auferweckt.

Gott, unser Vater, der Heilige Geist, der von dir und deinem Sohn ausgeht, hat die Herzen der Jünger verwandelt. Er ist auch uns gesandt, um uns zu verwandeln, zu begeistern und zu stärken. So gilt dir, deinem Sohn und dem Heiligen Geist in gleicher Weise jetzt unser Dank und unser Lobpreis bis in Ewigkeit. Amen.

PFINGSTMONTAG – Dank

LIED ZUR ERÖFFNUNG GL 249 (KG 232) Der Geist des Herrn erfüllt das All

EINFÜHRUNG

Mit Pfingsten endet die österliche Festzeit, die Zeit im Jahreskreis beginnt. Es ist die Zeit der Kirche, die – geleitet und gestärkt durch die Kraft des Heiligen Geistes – im Alltag ihren Weg zu gehen hat. Wenn wir jetzt miteinander Gottesdienst feiern, stimmen wir ein in den Lobpreis und die Danksagung, die Jesus, vom Heiligen Geist erfüllt, angestimmt hat. Wir sagen Gott, dem Vater, Dank dafür, dass wir mit den Gaben des Heiligen Geistes unseren Lebensweg im Alltag mit all seinen Anforderungen meistern können, dass wir etwas vom Geheimnis Gottes wissen dürfen, dass uns der Weg zu Gott geöffnet wurde durch Jesus Christus.

KYRIE-RUFE

Herr Jesus Christus,
in Gott hast du uns erwählt vor der Erschaffung der Welt.
Herr, erbarme dich.
Durch dich haben wir das Wort der Wahrheit gehört.
Christus, erbarme dich.
Durch dich haben wir von Gott den Heiligen Geist empfangen.
Herr, erbarme dich.

ALLGEMEINES GEBET

Wir haben den Geist empfangen, der uns zu Kindern Gottes macht. Wir wenden uns mit unseren Anliegen an Gott, unseren Vater, und beten:

❖ Für alle, die getauft und gefirmt sind: um Kraft und Stärke durch den Heiligen Geist, damit sie das Leben im Alltag mit all seinen Anforderungen meistern können.
Vater im Himmel: (A) Höre unser Beten.

❖ Für die Regierenden in aller Welt: um verantwortungsbewusstes Handeln zur Förderung von Frieden und Gerechtigkeit und um Linderung von Not und Armut.

❖ Für alle, die als Eheleute, als Familie oder in einer anderen Gemeinschaft miteinander leben: um den Geist der Liebe, der auf Streit Versöhnung und Vergebung folgen lässt.

❖ Für diejenigen, die unter schweren Schicksalsschlägen zu leiden haben und nicht mehr weiter wissen: um einen guten Beistand, der sie aufrichtet und neuen Lebensmut weckt.

❖ Für die Kinder und Jugendlichen in unserem Land und in aller Welt: um eine gute Erziehung und Ausbildung, die geprägt ist von der Würde eines jeden Menschen als Ebenbild Gottes.

Ewiger Gott, du hast uns deinen Sohn und den Heiligen Geist gesandt, damit wir leben können und das Leben haben. Dir sei im Heiligen Geist Dank gesagt durch Jesus Christus, unseren Herrn. Amen.

❖ Die Zeit im Jahreskreis ❖

2. SONNTAG IM JAHRESKREIS – Kommt und seht!

LIED ZUR ERÖFFNUNG GL 270 (KG 43) Kommt herbei, singt dem Herrn

EINFÜHRUNG

„Kommt und seht!", so hat Jesus damals die Jünger eingeladen, die ihm folgen wollten. „Kommt und seht!", diese Einladung Jesu gilt auch für uns heute, hier und jetzt, da die Weihnachtszeit vorüber und der Alltag wieder eingekehrt ist. „Kommt und seht!", diese Einladung ergeht an Suchende wie es die Jünger damals waren, und wie wir es heute sind. Wir suchen und sehnen uns nach Geborgenheit, Halt, Sinn und Orientierung für unser Leben. Dies alles haben wir wie die Jünger bei Jesus Christus gefunden. Wir verweilen bei ihm, der uns einlädt, hören sein Wort und lassen uns erfüllen von ihm, der uns das Heil Gottes schenkt.

KYRIE-RUFE

Herr Jesus Christus,
du bist das Lamm Gottes.
  Herr, erbarme dich.
Du lädst uns in deine Nachfolge ein.
  Christus, erbarme dich.
Du bist der Messias, der Gesalbte Gottes.
  Herr, erbarme dich.

Gott liebt die Menschen und weiß, was sie brauchen. Vertrauensvoll beten wir zu ihm:

❖ Für alle, die die Einladung Jesu annehmen und Kraft schöpfen aus der Begegnung mit ihm.
Gott, unser Vater: Wir bitten dich, erhöre uns. (A) Wir bitten dich, erhöre uns.

❖ Für alle, die mit Gott ringen oder nicht mehr an ihn glauben können.

❖ Für die christlichen Kirchen und Gemeinschaften, die sich bemühen, durch die Verkündigung des Evangeliums den Menschen Sinn, Orientierung, Halt und Geborgenheit in Gott zu vermitteln.

❖ Für die Menschen, die einsam und alleine sind und sich nach Begegnung und Gemeinschaft sehnen.

❖ Für uns selbst, die wir so vielen Einflüssen und Stimmen ausgesetzt sind und uns manchmal schwer tun, die richtige Entscheidung zu treffen.

❖ Für unsere Verstorbenen, die auf Gott ihre Hoffnung setzten, und für alle, die trauern, weil sie einen lieben Menschen verloren haben.

Gott, unser Vater, du lädst alle Menschen ein, in dir das Heil zu finden. Wir danken dir und preisen dich jetzt und in Ewigkeit. Amen.

3. SONNTAG IM JAHRESKREIS – **Berufung**

LIED ZUR ERÖFFNUNG **GL 637 (KG 504)** Lasst uns loben

EINFÜHRUNG

Mit und durch Jesus Christus ist das Reich Gottes zu uns gekommen. Er ruft die Menschen zur Umkehr und zum Glauben, er ruft sie in seine Nachfolge. So unterschiedlich wir auch sind an Jahren, Berufen, Herkunft usw., so haben wir doch eines gemeinsam: Wir haben den Ruf Jesu gehört, sind seiner Einladung gefolgt und haben uns zum Gottesdienst versammelt. Diese Berufung an den Tisch seines Wortes und seines Mahles teilen wir mit allen Getauften, doch die Einheit im Glauben steht noch aus. Umkehr ist nötig, wir sind auf das Erbarmen unseres Herrn angewiesen, damit wir unserer Berufung durch ihn wirklich gerecht werden.

KYRIE-RUFE

Herr Jesus Christus,
du rufst uns Menschen in deine Nachfolge.
  Herr, erbarme dich.
Du sendest uns als deine Boten.
  Christus, erbarme dich.
Du schenkst den Mut, dich zu bekennen.
  Herr, erbarme dich.

ALLGEMEINES GEBET

Jesus Christus hat das Kommen des Reiches Gottes unter uns Menschen verkündet. Im Vertrauen auf diese Zusage beten wir zu Gott, unserem Vater:

❖ Für alle Getauften: um die Gnade der Umkehr und um die Einheit im Glauben.
Gott, unser Vater: Wir bitten dich, erhöre uns. (A) Wir bitten dich, erhöre uns.

❖ Für die Menschen, die in Politik und Gesellschaft eine besondere Verantwortung für das Wohlergehen anderer tragen: um deinen Beistand.

❖ Für die Menschen in Not und Gefahr, für die Leidenden und Trauernden: um Menschen, die trösten und helfen.

❖ Für alle, die mit der Glaubensverkündigung beauftragt sind oder sich darauf vorbereiten: um die Gaben des Heiligen Geistes, damit sie die richtigen Worte finden und die Herzen der Menschen erreichen.

❖ Für die Menschen und Volksgruppen, die im Heiligen Land leben: um die Überwindung von Hass und Misstrauen und um die Bereitschaft zu Frieden und Gerechtigkeit.

❖ Für unsere Verstorbenen: um die Vollendung ihres Lebens in deiner Herrlichkeit.

Herr, unser Gott, dein Reich ist uns durch Jesus Christus nahe gekommen. Dein ist die Kraft und die Herrlichkeit, dir gilt unser Lob und Dank jetzt und in Ewigkeit. Amen.

4. SONNTAG IM JAHRESKREIS – (Ohne) Sorgen

LIED ZUR ERÖFFNUNG GL 621 (KG 544) Ich steh vor dir mit leeren Händen, Herr

EINFÜHRUNG

„Ich wünschte, ihr wäret ohne Sorgen", schreibt Paulus den Korinthern. Auch wir wünschen uns oft, ohne Sorgen zu sein, besonders ohne jene Sorgen, unter denen wir sehr zu leiden haben und die uns niederdrücken, oftmals Mut und Hoffnung rauben. Jetzt im Gottesdienst dürfen wir sie vertrauensvoll zu unserem Herrn tragen. Bei ihm sind sie gut aufgehoben, er wird es richten und uns in seinem Erbarmen und auf seine Weise helfen.

KYRIE-RUFE

Herr Jesus Christus,
du lehrst mit göttlicher Vollmacht.
Herr, erbarme dich.
Du verkündest die Liebe Gottes.
Christus, erbarme dich.
Du schenkst uns dein Erbarmen.
Herr, erbarme dich.

ALLGEMEINES GEBET

Vor Gott dürfen wir unsere Sorgen, Anliegen und Bitten aussprechen. So beten wir vertrauensvoll zu ihm:

❖ Für die Bischöfe, Priester, Diakone und alle Frauen und Männer, die in der Seelsorge tätig sind: um Verständnis für die Sorgen ihrer Mitmenschen und die Fähigkeit, ihnen beizustehen.
Barmherziger Gott: (A) Wir bitten dich, erhöre uns.

❖ Für die Entscheidungsträger in Politik, Wirtschaft und Gesellschaft: um die Kraft und den Mut, die richtigen Entscheidungen zum Wohl der ihnen Anvertrauten zu treffen.

❖ Für die Menschen und Völker in den Kriegsgebieten unserer Erde: um Gerechtigkeit und Frieden.

❖ Für alle, die von schweren Sorgen niedergedrückt sind; für die körperlich oder psychisch Kranken: um Beistand und Hilfe in ihrer Not.

❖ Für alle, die sich beruflich oder ehrenamtlich um kranke, alte und pflegebedürftige Menschen kümmern: um Kraft und Stärke für ihren Dienst.

❖ Für unsere verstorbenen Angehörigen, die für uns und für die wir gesorgt haben: um das ewige Leben.

Ewiger Gott, du kennst uns und unsere Anliegen, ob ausgesprochen oder unausgesprochen. Wir vertrauen auf dein Erbarmen und deine Hilfe; wir danken dir für deinen Sohn Jesus Christus, der unser menschliches Leben geteilt hat. Durch ihn loben und preisen wir dich im Heiligen Geist jetzt und in Ewigkeit. Amen.

LIED ZUR ERÖFFNUNG **GL 462 (KG 46)** Zu dir, o Gott, erheben wir

EINFÜHRUNG

Jesus zog sich immer wieder einmal in die Einsamkeit zurück, um in der Stille zu beten. Wir Menschen brauchen mitunter diese Zeiten weitab vom Trubel des Lebens, um zur Ruhe, zur Besinnung zu kommen, um zu beten und den Kontakt zu Gott zu pflegen. Daraus können wir neue Kraft schöpfen, um unser Leben mit seinen Anforderungen und Aufgaben zu meistern, das Leben, in dem es auch Belastungen wie Krankheit und Leid, Verzweiflung und Not gibt. Der Gottesdienst ist eine Gelegenheit, innerlich zur Ruhe zu kommen und zu beten. Wir grüßen unseren Herrn Jesus Christus, der mit uns die Last des menschlichen Lebens geteilt hat, hier in unserer Mitte:

KYRIE-RUFE

Herr Jesus Christus,
du bist das Leben und schenkst es allen, die an dich glauben.
Herr, erbarme dich.
Du bist der Heiland und Erlöser aller Kranken und Verwundeten.
Christus, erbarme dich.
Durch dich dürfen wir im Gebet in Kontakt mit Gott, dem Vater, treten.
Herr, erbarme dich.

ALLGEMEINES GEBET

Jesus hat immer wieder im Gebet den Kontakt mit Gott, seinem Vater, gepflegt. Jetzt wenden wir uns an ihn, der auch unser Vater ist, und tragen unsere Anliegen vor:

❖ Wir beten für alle, die in der Leitung unserer Kirche und ihren Beratungsgremien tätig sind: um die Kraft und die Gaben des Heiligen Geistes.
Gott, unser Vater: (A) Wir bitten dich, erhöre uns.

❖ Für die Regierenden und die Frauen und Männer in den Parlamenten: um die rechte Erkenntnis dessen, was zum Wohl der Menschen zu tun ist.

❖ Für alle, die in caritativen Berufen tätig sind: um Stärke für ihren Dienst an den Not leidenden Menschen und die Erfahrung von Dankbarkeit.

❖ Für die Kranken, die unter körperlichen oder seelischen Schmerzen leiden: um Genesung und Heilung.

❖ Für alle, die mit dem Stress der Arbeitswelt und der Hektik des Lebens mit all seinen Anforderungen und Aufgaben nicht zurechtkommen: um Zeiten der Ruhe, Besinnung und Erholung.

Ewiger Gott, durch sein Vorbild hat Jesus uns beten gelehrt. Durch ihn loben und preisen wir dich im Heiligen Geist und danken dir jetzt und in Ewigkeit. Amen.

6. SONNTAG IM JAHRESKREIS – Sympathie

LIED ZUR ERÖFFNUNG GL 304 Zieh an die Macht, du Arm des Herrn *oder* GL 644 (KG 509) Sonne der Gerechtigkeit

EINFÜHRUNG

Oft prägen Sympathien und Vorurteile unseren Alltag. Es gibt auch heute in unserer Gesellschaft Menschen, die wie Aussätzige behandelt werden, die für asozial erklärt und ausgegrenzt werden. Jesus überwindet diese Grenzen, er kennt keine Berührungsängste, er hat Sympathie (das heißt übersetzt: Mitleid) und wendet sich denen zu, mit denen niemand etwas zu tun haben will. Er befreit sie von ihrer Brandmarkung und macht sie wieder gesellschaftsfähig. Unsere Berufung zu einem Leben als Christen besteht darin, dem Beispiel Jesu zu folgen und das Heil Gottes allen Menschen zu bezeugen.

KYRIE-RUFE

Herr Jesus Christus,
du bist unser Herr und Gott.
    Herr, erbarme dich.
Du bist unser Heiland und Erlöser.
    Christus, erbarme dich.
Du bist unser Freund und Bruder.
    Herr, erbarme dich.

In Jesus Christus ist die Sympathie, das Mitleid Gottes gegenüber den Menschen sichtbar geworden. Voll Vertrauen wenden wir uns ihm zu und beten:

❖ Für alle Getauften: um die Ausrichtung ihres Lebens nach dem Vorbild Jesu und um eine positive Einstellung gegenüber allen Menschen.
Helfender Gott: (A) Wir bitten dich, erhöre uns.

❖ Für die Menschen und Völker, die unter Krieg, Bürgerkrieg oder Unterdrückung leiden: um Freiheit, Frieden und Gerechtigkeit.

❖ Für alle im Gesundheitswesen und in den kirchlichen Hilfswerken Tätigen: um Gottes Beistand bei der Linderung von Not, Elend und Krankheiten.

❖ Für die Einsamen, Verzweifelten und Ausgegrenzten: um die Erfahrung von Gottes heilender Liebe durch hilfsbereite Menschen.

❖ Für die Sterbenden und alle, die ihnen beistehen: um Trost, Kraft und Hoffnung durch die Verheißung des ewigen Lebens.

Ewiger Gott, du willst das Heil aller Menschen, niemand wird bei dir ausgegrenzt. Dafür danken wir dir durch deinen Sohn Jesus Christus, und wir preisen und loben dich jetzt und in Ewigkeit. Amen.

7. SONNTAG IM JAHRESKREIS – Schuld und Vergebung

LIED ZUR ERÖFFNUNG GL 260 (KG 185) Singet Lob unserm Gott

EINFÜHRUNG

Wer sich nicht an Recht und Gesetz hält, macht sich schuldig und wird bestraft. Die Schuld soll gesühnt, der Schuldige gebessert werden. So denken wir Menschen. Gottes Gerechtigkeit hingegen ist weithin größer als die menschliche. Gott will die Menschen dadurch bessern, dass er ihnen die Vergebung der Schuld gewährt und so neues, befreites Leben ermöglicht. Dankbar können wir vor Gott hintreten und gütig werden gegenüber denen, die unsere Vergebung brauchen.

KYRIE-RUFE

Herr Jesus Christus,
du hast uns Gottes Gerechtigkeit gebracht.
Herr, erbarme dich.
Du schenkst uns die Vergebung unserer Schuld.
Christus, erbarme dich.
Du ermöglichst uns ein neues, befreites Leben.
Herr, erbarme dich.

Gott sieht voll Güte auf uns Menschen und nimmt uns mit all unseren Sorgen und Anliegen an. Voll Vertrauen beten wir zu ihm:

❖ Für alle, die das Sakrament der Versöhnung spenden: um die Erfahrung, dass durch sie Gottes Güte gegenüber allen Menschen sichtbar wird.
Gütiger Gott: (A) Wir bitten dich, erhöre uns.

❖ Für die Christen: um einen Glauben, der sie froh macht und befreit von aller Schuld leben lässt.

❖ Für alle, die an anderen Menschen schuldig geworden sind: um Einsicht und Umkehr, und um die Vergebung.

❖ Für die, denen die Führung oder Erziehung von Menschen anvertraut ist: um einen guten Blick für die Gerechtigkeit und das rechte Maß zwischen strenger Konsequenz und gütigem Wohlwollen.

❖ Für alle, die durch körperliches oder seelisches Leid niedergedrückt sind: um Linderung ihrer Not, und um Menschen, die sie geduldig, verständnisvoll und helfend begleiten.

❖ Für diejenigen, die um einen lieben Verstorbenen trauern: um Trost durch die frohe Botschaft von der Auferstehung und der Zusage des ewigen Lebens.

Guter Gott, du hast Erbarmen mit uns Menschen. Du nimmst dich unserer an und lässt uns befreit vor dir leben. Wir danken dir und preisen dich jetzt und in Ewigkeit. Amen.

8. SONNTAG IM JAHRESKREIS – Feiern und Fasten

LIED ZUR ERÖFFNUNG GL 519 (KG 42) Komm her, freu dich mit uns, tritt ein

EINFÜHRUNG

Alles hat seine Zeit, das Feiern wie das Fasten. Gott liebt uns Menschen, deshalb können wir Christen feiern und fröhlich sein. Nicht umsonst ist das Fastnachtsbrauchtum unserem Glauben erwachsen. Aber die Liebe Gottes zu uns Menschen ist keine Einbahnstraße und erwartet eine Antwort. So ist auch eine Zeit der Besinnung und des Fastens hilfreich, unsere Antwort auf die Liebe Gottes zu finden. Jetzt, da wir uns zum Gottesdienst versammelt haben, besinnen wir uns auf die Gegenwart des göttlichen Bräutigams Jesus Christus und begrüßen ihn mit dem Lobpreis von Kyrie und Gloria hier in unserer Mitte.

KYRIE-RUFE

Herr Jesus Christus,
in dir ist die Liebe Gottes, des Vaters, sichtbar geworden.
Herr, erbarme dich.
Du bist unsere Versöhnung und unser Friede.
Christus, erbarme dich.
Du bist unsere Freude und unser Leben.
Herr, erbarme dich.

ALLGEMEINES GEBET

Aus Liebe hat Gott uns in sein Volk berufen. Ihm tragen wir unsere Anliegen vor und beten:

❖ Für alle Christen: um Freude am Leben und an Gottes guter Schöpfung.
 Du Gott des Lebens: (A) Wir bitten dich, erhöre uns.

❖ Für die Mächtigen in Politik, Wirtschaft und Gesellschaft: um Kraft und Stärke bei ihren Bemühungen um Frieden, Gerechtigkeit und Freiheit.

❖ Für die Armen und Notleidenden: um die Hilfe Gottes und die tätige Liebe ihrer Mitmenschen.

❖ Für alle, die sich in diesen Tagen nicht freuen können, weil große Sorgen und Probleme sie bedrücken: um Befreiung aus ihrer Not und neue Lebensfreude.

❖ Für die Menschen in unserer Gemeinde und in unserem Bistum: um die Gaben des Heiligen Geistes und einen lebendigen Glauben, der die Liebe Gottes bezeugt.

❖ Für alle, die unter Problemen zu leiden haben, die Sorgen haben in Beruf und Familie: um den Beistand Gottes und die Hilfe durch gute Menschen.

Herr, unser Gott, dein Sohn Jesus Christus hat das ganze Menschenleben mit uns geteilt in Freud und Leid. Durch ihn danken wir dir im Heiligen Geist und loben und preisen dich jetzt und in Ewigkeit. Amen.

LIED ZUR ERÖFFNUNG **GL 640 (KG 508)** Gott ruft sein Volk zusammen

EINFÜHRUNG

Zum 1. Januar 1976 degradierten die staatlichen Kalendermacher den Sonntag aus ökonomischen Erwägungen vom ersten zum letzten Tag der Woche. Von Seiten der Kirchenleitungen hagelte es Proteste – wie so oft ohne Erfolg. Anscheinend haben wir uns daran gewöhnt, denn gerne wünschen wir uns ein gutes Wochenende und nur noch sehr selten einen guten Sonntag. Wir sollten uns den Sinn des Sonntags als Tag der Auferstehung Jesu in Erinnerung halten und uns darauf besinnen, welche Rolle dies in unserem Leben spielt. Dazu lädt uns jeder Sonntag als Tag des Herrn ein. Wir begegnen Jesus Christus in seinem Wort und in seinem Mahl, wir grüßen ihn hier in unserer Mitte.

KYRIE-RUFE

Herr Jesus Christus,
du bist der Auferstandene von den Toten.
Herr, erbarme dich.
Du bist das Leben in Fülle.
Christus, erbarme dich.
Du bist der Friede und die Versöhnung.
Herr, erbarme dich.

Jesus Christus hat uns die Freiheit und Würde der Kinder Gottes geschenkt. Ihn bitten wir voll Vertrauen:

❖ Für alle unterdrückten und gedemütigten Menschen: um Befreiung aus ihrer Not.
Christus, höre uns. (A) Christus erhöre uns.

❖ Für alle, die sich mutig für die Menschenrechte einsetzten: um deinen Beistand.

❖ Für alle, die Recht suchen und Recht sprechen: um deine Erleuchtung.

❖ Für alle, die Gesetze beraten und erlassen: um einen guten Sinn für Gerechtigkeit.

❖ Für unsere Angehörigen und Freunde: um deine Nähe und deine Führung.

❖ Für die an Leib oder Seele Kranken: um Genesung und Hilfe.

❖ Für unsere Toten, um die wir trauern: um das ewige Leben.

Guter Gott, du hast uns die Auferstehung Jesu Christi und den Tag des Herrn geschenkt. Du bist bei uns alle Tage bis zur Vollendung unseres Lebens. Dir sei Lob und Dank jetzt und in alle Ewigkeit. Amen.

10. SONNTAG IM JAHRESKREIS – Familie Gottes

LIED ZUR ERÖFFNUNG GL 642 (KG 505) Eine große Stadt ersteht

EINFÜHRUNG

In unseren Gottesdiensten ist uns die Anrede „liebe Schwestern und Brüder" bekannt und vertraut. Gerne wird auch von einer „geschwisterlichen Kirche" gesprochen. Dies hat seine Grundlage in der Heiligen Schrift. Denn Jesus Christus hat uns zugesagt: „Wer den Willen Gottes erfüllt, der ist für mich Bruder und Schwester und Mutter" (Mk 3,35). Das zeichnet uns als Christen aus, dass wir untereinander in Christus eine Art „geistliche Verwandtschaft" haben, dass wir zur Familie Gottes gehören, dass wir einander Brüder und Schwestern sind. Ihn, der uns in die Familie Gottes berufen hat, unseren Herrn Jesus Christus, der unser Bruder geworden ist, ihn grüßen wir dankbar hier in unserer Mitte.

KYRIE-RUFE

Herr Jesus Christus,
du rufst uns in deine Nachfolge.
Herr, erbarme dich.
Du bist unser Bruder geworden.
Christus, erbarme dich.
Du schenkst uns den Geist der Gotteskindschaft.
Herr, erbarme dich.

Jesus Christus hat uns in die Familie Gottes berufen. Er ist unser Bruder und weiß um unsere Sorgen und Nöte. Ihn bitten wir voll Vertrauen:

❖ Für die christlichen Kirchen und Gemeinschaften: um ein geschwisterliches Miteinander im Denken und Handeln und um die Einheit im Glauben.
Christus, höre uns. (A) Christus, erhöre uns.

❖ Für alle, die in Angst und Verzweiflung leben: um neuen Lebensmut, neue Kraft und neue Stärke.

❖ Für die Menschen, die in den Krisengebieten der Erde leben: um Hoffnung und Rettung aus ihrer Not.

❖ Für alle an Leib oder Seele Kranken: um Genesung, Heil und Zuversicht.

❖ Für unsere Kinder und Jugendlichen: um Schutz vor allem Bösen.

❖ Für unsere Verstorbenen, um die wir trauern: um die Vollendung ihrer Hoffnung auf das ewige Leben.

Herr, unser Gott, du bis unser treuer Wegbegleiter. Wir preisen dich und danken dir. Dir sei Lob und Ehre jetzt und in alle Ewigkeit. Amen.

11. SONNTAG IM JAHRESKREIS – Gnade

LIED ZUR ERÖFFNUNG GL 268 (KG 533) Singt dem Herrn ein neues Lied

EINFÜHRUNG

Das Wachsen und Reifen in der Natur können wir Menschen im Frühling und Frühsommer nur staunend beobachten, da wir herzlich wenig dazu beitragen können. Unsichtbare Kräfte wirken und entfalten sich in den Pflanzen ohne unser Zutun. Ähnlich verhält es sich mit dem Wirken Gottes in unserer Welt. Ohne Unterlass und geheimnisvoll wirkt Gott das Heil der Menschen. Sein Reich wächst unter uns, denn er ist der Herr, „der niemals ruht, der auch heut noch Wunder tut ... Täglich neu ist seine Gnad über uns und allen". Auch jetzt ist seine Gnade über uns, so dass wir unseren Lebensweg voller Zuversicht gehen können.

KYRIE-RUFE

Herr Jesus Christus,
du schenkst uns Kraft und Hoffnung.
　　Herr, erbarme dich.
Du schenkst uns die Gnade Gottes.
　　Christus, erbarme dich.
Du schenkst uns Zuversicht für unser Leben.
　　Herr, erbarme dich.

Gottes Gnade ist über uns. Voller Vertrauen und Zuversicht wenden wir uns an ihn und beten:

❖ Für den Papst, die Bischöfe und Theologen: um die Gnade, den Glauben überzeugend zu verkünden.
Gnädiger Gott: (A) Wir bitten dich, erhöre uns.

❖ Für die Menschen, die in der Kirche nur Negatives sehen: um die Erkenntnis, dass Gott auch heute in ihr und durch sie wirkt.

❖ Für die Menschen und Völker in Israel und Palästina: um Wege, die sie zu einem friedlichen und gerechten Zusammenleben führen.

❖ Für die Arbeitslosen in unserem Land: um Zuversicht für ihren weiteren Lebensweg.

❖ Für die an Leib oder Seele kranken Menschen: um Hilfe in ihrer Not und um Genesung und Heilung.

❖ Für unsere verstorbenen Angehörigen: um das ewige Leben im Reich Gottes.

Du Gott der Gnade, dein Sohn hat uns gelehrt, in den kleinen und unscheinbaren Dingen dein Wirken zu unserem Heil zu erkennen. Wir danken dir für deine Gnade, die uns zuversichtlich leben lässt, durch Jesus Christus, unseren Herrn. Amen.

12. SONNTAG IM JAHRESKREIS — (un)möglich

LIED ZUR ERÖFFNUNG GL 291 (KG 542) Wer unterm Schutz des Höchsten steht

EINFÜHRUNG

Wenn uns Schuld belastet, wenn wir mit uns oder mit unseren Lebensumständen unzufrieden sind, dann wünschen wir uns manchmal, ein anderer, ein neuer Mensch zu sein. Wir hoffen auf einen Neubeginn und möchten alles hinter uns lassen, was uns und unser Leben belastet. Oft bleibt es bei diesem Wunsch, bei dieser Hoffnung. Allerdings, was uns im Leben unmöglich erscheint, wird durch unseren Glauben möglich, denn „wenn jemand in Christus ist, dann ist er eine neue Schöpfung" *(2 Kor 5,17 / 2. Lesung)*. Wir haben uns hier versammelt, um uns unseres Glaubens zu vergewissern. Und was hier geschieht, ist mehr als nur eine Vergewisserung: Hier und jetzt ist Christus selbst in unserer Mitte.

KYRIE-RUFE

Herr Jesus Christus,
du bist für uns gestorben.
Herr, erbarme dich.
Du bist von den Toten auferstanden.
Christus, erbarme dich.
Du schenkst uns neues Leben.
Herr, erbarme dich.

Menschen haben immer wieder die Erfahrung gemacht, dass sie durch die Kraft des Glaubens verwandelt wurden. Wir wenden uns vertrauensvoll an Gott, unseren Schöpfer:

❖ Viele wissen nichts vom christlichen Glauben, weil sie ihn nicht kennen gelernt haben. Für sie beten wir um Menschen, die von ihrem Glauben erzählen und das Evangelium verkünden.
Gott, unser Schöpfer: (A) Wir bitten dich, erhöre uns.

❖ Durch Arbeitslosigkeit und soziale Not haben Menschen das Vertrauen zu sich selbst verloren. Für sie beten wir um die Erfahrung, von dir gehalten zu sein, und um neuen Lebensmut.

❖ Manche sind in Schuld verstrickt und finden keinen Ausweg. Für sie beten wir um Befreiung von allem, was ihr Leben belastet, und um neue Perspektiven.

❖ Unter dem Egoismus und Leistungsdruck in unserer Gesellschaft leiden Menschen. Wir beten um die Erkenntnis der Liebe Gottes, die solidarisches Handeln zum Wohle aller ermöglicht.

„Altes ist vergangen, Neues ist geworden." Gott, unser Vater, du bist die Kraft, die unser Leben verwandelt und eine neue Schöpfung ermöglicht. Hierfür danken wir dir durch Jesus Christus, unseren Herrn. Amen.

13. SONNTAG IM JAHRESKREIS – Leben

LIED ZUR ERÖFFNUNG GL 268 (KG 533) Singt dem Herrn ein neues Lied *oder* GL 269 (KG 440) Nun saget Dank und lobt den Herren

EINFÜHRUNG

Durch den Tod eines nahestehenden Menschen werden auch heute Hilflosigkeit und Angst ausgelöst. Besonders in tragischen Situationen fragen die Menschen: Wie kann Gott das zulassen? Womit habe ich das verdient? – Wie Gott eigentlich zum Tod steht, dazu macht das Buch der Weisheit eine verblüffende Aussage: „Gott hat den Tod nicht gemacht und hat keine Freude am Untergang der Lebenden" (Weish 1,13). Durch sein Verhalten bestätigt Jesus Christus diesen Satz. Gegen Krankheit und Tod kämpft er, denn er heilt Kranke und weckt Tote auf. Dadurch wird sichtbar: Nicht Tod, sondern Leben, ewiges Leben heißt das letzte Wort über unserem Leben. Dankbar grüßen wir den Herrn über Leben und Tod hier in unserer Mitte.

KYRIE-RUFE

Herr Jesus Christus,
du bist der Heiland der Kranken.
Herr, erbarme dich.
Du bist der Überwinder des Todes.
Christus, erbarme dich.
Du sprichst Worte ewigen Lebens.
Herr, erbarme dich.

In Jesus Christus begegnen wir der heilenden und sorgenden Liebe des himmlischen Vaters. Ihn bitten wir voll Vertrauen:

❖ Für die Kranken und Leidenden, die in ihrer Not bei Gott ihre Zuflucht suchen.
Himmlischer Vater: (A) Wir bitten dich, erhöre uns.

❖ Für die in Angst und Verzweiflung lebenden Menschen, die keinen Lebensmut und keine Hoffnung mehr verspüren.

❖ Für die Menschen in den Kriegs- und Elendsgebieten unserer Welt, die keinen Ausweg aus ihrer Not sehen.

❖ Für die Reichen und Begüterten, die den Blick für die Armen und Notleidenden verloren haben.

❖ Für die Kinder und Jugendlichen, die durch den Tod ihre Eltern verloren haben; für die Eltern, die ein Kind verloren haben, und für alle Trauernden.

❖ Für die Entscheidungsträger in Kirche und Staat, die manchmal ratlos vor schwierigen Problemen und Aufgaben stehen.

Gott, unser Vater, du hast uns in deinem Sohn den Heiland der Kranken und den Überwinder des Todes geschenkt. Dafür sei dir Lob und Dank gesagt jetzt und in alle Ewigkeit. Amen.

14. SONNTAG IM JAHRESKREIS – Wer ist Jesus?

LIED ZUR ERÖFFNUNG GL 462 (KG 46) Zu dir, o Gott, erheben wir

EINFÜHRUNG

Wer ist dieser Jesus von Nazareth? Diese Frage haben sich Menschen zu allen Zeiten gestellt. Und auch für jeden einzelnen von uns stellt sich die Frage: Wer ist Jesus Christus für mich ganz persönlich? Darauf antworten wir in verschiedenen Lebensabschnitten und Situationen mitunter ganz unterschiedlich und manchmal wohl auch überraschend. Sicher ist: Wenn wir uns zum Gottesdienst versammeln, möchte sich Jesus Christus von uns finden lassen als unser Heiland und Erlöser, als unser Herr und Bruder, in dem wir Gottes Liebe und Fürsorge erfahren dürfen. Ihn grüßen wir im Kyrie hier in unserer Mitte.

KYRIE-RUFE

Herr Jesus Christus,
du bist unser Heiland und Erlöser.
Herr, erbarme dich.
Du bist unser Herr und Bruder.
Christus, erbarme dich.
Du bringst uns die Liebe Gottes.
Herr, erbarme dich.

In seinem Sohn Jesus Christus ist Gott uns nahegekommen und hat uns gezeigt, wie er selber ist. In Jesu Namen bitten wir ihn voll Vertrauen:

❖ Für die vielen Menschen in der Kirche, die in der Gemeinschaft des christlichen Glaubens zusammenstehen: um Stärkung ihres Glaubens und ein geschwisterliches Miteinander.
Gott unser Vater: (A) Wir bitten dich, erhöre uns.

❖ Für die vielen Menschen in der Welt, die sich mutig für menschenwürdige Lebensverhältnisse für alle einsetzen: um deinen Segen bei ihrem Engagement für Frieden und Gerechtigkeit.

❖ Für die vielen Menschen in den verschiedenen Religionen, die sich um Achtung und Toleranz gegenüber Andersgläubigen bemühen: um Führung durch den Heiligen Geist.

❖ Für die vielen Menschen in den Familien und Bekanntenkreisen, die füreinander sorgen: um die Erfahrung deiner Liebe in ihrer gegenseitigen Zuwendung.

❖ Für uns selbst, die wir hier versammelt sind: um Dankbarkeit für alles, was wir an Güte und Segen empfangen haben und um deine Begleitung auf all unseren Wegen.

Gott, unser Vater, in unserer Bitte und unserem Dank begegnen wir dir. Dir sei Lob und Ehre jetzt und in Ewigkeit. Amen.

LIED ZUR ERÖFFNUNG GL 610 Gelobt sei Gott in aller Welt *oder* GL 637 (KG 504) Lasst uns loben

EINFÜHRUNG

Die meisten von uns kennen Gott und Jesus Christus schon von Kindheit an. Im Elternhaus und im Religionsunterricht wurden wir in unseren Glauben eingeführt, mit ihm vertraut gemacht. Wir wurden getauft und gefirmt. Wir pflegen unsere Beziehung zu Gott und Jesus Christus, indem wir uns Sonntag für Sonntag zum Gottesdienst versammeln. Diese lebendige Beziehung gilt es auch in unserem Alltag – die Woche über – zu leben und zu bezeugen, indem wir liebend und heilend unseren Mitmenschen begegnen. Dazu sind wir berufen und gesandt durch Jesus Christus, der uns jetzt wieder in seinem Wort und seinem Mahl begegnet.

KYRIE-RUFE

Herr Jesus Christus,
du rufst Menschen in deine Nachfolge.
Herr, erbarme dich.
Du sendest sie als Boten deiner Frohen Botschaft.
Christus, erbarme dich.
Du gibst ihnen Kraft und Mut, dich zu bekennen.
Herr, erbarme dich.

Wir sind durch Jesus Christus berufen und gesandt, Gottes Güte und Erbarmen den Menschen bekannt zu machen. Ihn bitten wir voll Vertrauen:

❖ Für die Kranken und Leidenden: um die Erfahrung menschlicher Zuwendung, um Heilung und Genesung.
Christus, höre uns. (A) Christus, erhöre uns.

❖ Für die Arbeitslosen und die Jugendlichen, die keine Lehrstelle finden: um Hilfe und Bewahrung vor Resignation und Verzweiflung.

❖ Für die Menschen in den Kriegs- und Unruhegebieten unserer Erde: um Frieden und Gerechtigkeit.

❖ Für die Verantwortlichen in Staat und Kirche: um die Fähigkeit, ihren Aufgaben gerecht zu werden und dem Wohlergehen der ihnen Anvertrauten zu dienen.

❖ Für die Verantwortlichen in Wirtschaft und Industrie: um die Achtung der Würde eines jeden Menschen und um die Bewahrung der Schöpfung.

❖ Für die Verstorbenen, um die wir trauern, und besonders auch für jene, an die niemand mehr denkt: um Aufnahme in das ewige Leben bei Gott.

Guter Gott, dein Sohn Jesus Christus hat uns Kunde von deiner Güte und Liebe zu uns Menschen gebracht. Dir gilt unser Dank und Lobpreis jetzt und in Ewigkeit. Amen.

LIED ZUR ERÖFFNUNG GL 615,1+3 Alles meinem Gott zu Ehren *oder* GL 294 (KG 549) Was Gott tut, das ist wohlgetan

EINFÜHRUNG

Der Mensch kann nicht funktionieren wie eine Maschine. Wir brauchen immer wieder eine Zeit der Besinnung, der Ruhe, der Erholung für Leib und Seele. „Kommt mit an einen einsamen Ort und ruht ein wenig aus" (vgl. Mk 6,31), ein solches Wort tut uns manchmal gut. Eine Mutter von vier Kindern sagte, sie gehe gerne in den Gottesdienst, weil das die einzige Stunde in der Woche sei, in der sie zur Ruhe komme. Das ist ganz im Sinne Jesu. Er will uns allen eine Stunde des Aufatmens und der Besinnung schenken. Der Sonntag und der Gottesdienst bieten uns die Chance, wieder zu uns selbst zu kommen. „Ruht ein wenig aus von den Sorgen und Mühen des Alltags, hört auf mein gutes Wort, lasst euch stärken mit dem Brot des Lebens", so lädt Jesus uns heute ein. Wir grüßen ihn in unserer Mitte.

KYRIE-RUFE

Herr Jesus Christus,
du bist der gute Hirte.
   Herr, erbarme dich.
Du hast ein Herz für uns Menschen.
   Christus, erbarme dich.
Du stärkst uns mit deinem Wort und Brot.
   Herr, erbarme dich.

Der Ruf Jesu in die Nachfolge schließt ein, dass wir von Zeit zu Zeit innehalten, um unser Leben zu bedenken und in der Ruhe neue Kraft zu gewinnen. Ihn bitten wir für alle, die sich nach einer schöpferischen Pause sehnen:

❖ Für die Menschen, die in diesen Tagen Urlaub machen und Freude und Erholung suchen.
Christus, höre uns. (A) Christus, erhöre uns.

❖ Für die Menschen, die Angst haben vor der Ruhe, der Besinnung und der Begegnung mit sich selbst.

❖ Für die Verantwortlichen in Politik und Wirtschaft, denen die Aufgabe, für eine gerechtere und friedlichere Welt zu arbeiten, zu einer schweren Last und Bürde geworden ist.

❖ Für die Bischöfe, Priester, Diakone und Seelsorger, die sich in ihrem Amt und Beruf überfordert fühlen oder mutlos geworden sind.

❖ Für die Leidenden, die in ihren Sorgen, Nöten und Krankheiten keinen Zuspruch und keine Zuwendung erfahren.

Gott, unser Vater, du lädst uns ein, in deiner Nähe Ruhe und Erholung zu finden. Wir danken dir und preisen dich jetzt und in Ewigkeit. Amen.

17. SONNTAG IM JAHRESKREIS – In Liebe

LIED ZUR ERÖFFNUNG GL 635 (KG 4) Ich bin getauft und Gott geweiht

EINFÜHRUNG

„Ertragt einander in Liebe" (Eph 4,2b), diese Mahnung könnte vielleicht auch uns gesagt sein. Denn in unserer Gemeinde bzw. Kirche gibt es viele verschiedene Charaktere, Fähigkeiten und Begabungen, es gibt Sympathien und Antipathien, Konflikte und Auseinandersetzungen, unterschiedliche Auffassungen über den einzuschlagenden Weg. Aber es gibt auch die *eine* gemeinsame Berufung zum Glauben, die *eine* Taufe, die wir empfangen haben. Die Einheit im Glauben ist möglich, wenn alle bereit sind, einander in Liebe anzunehmen und in Geduld zu ertragen. Als Zeichen, dass wir uns darum bemühen, lassen wir uns zur Erinnerung an unsere Taufe mit geweihtem Wasser besprengen. *Sonntägliches Taufgedächtnis*

KYRIE-RUFE

Herr Jesus Christus,
du bist wahrhaft der Sohn Gottes.
    Herr, erbarme dich.
Du schenkst uns das Brot ewigen Lebens.
    Christus, erbarme dich.
Du hast uns in das Volk Gottes berufen.
    Herr, erbarme dich.

Voll Vertrauen beten wir zu dem *einen* Gott und Vater aller, der über allem und durch alles und in allem ist:

❖ Für unseren Papst und die Bischöfe; für alle, die Leitungsaufgaben in unserer Kirche ausüben; und für die Mitglieder der Beratungsgremien: um den Geist der Liebe und Geduld.
Gott, unser Vater: (A) Wir bitten dich, erhöre uns.

❖ Für alle christlichen Kirchen und Gemeinschaften: um ein gutes ökumenisches Miteinander und baldige Einheit im Glauben aufgrund der allen gemeinsamen einen Taufe.

❖ Für alle Menschen auf unserer Erde, die unter Hunger und Durst leiden: um Hilfe in ihrer Not.

❖ Für die Menschen, die verzweifelt sind und unter Depressionen leiden: um neuen Lebensmut.

❖ Für die Mitarbeiter der caritativen, sozialen und kirchlichen Hilfswerke; für alle, die sich um Notleidende und Kranke kümmern: um Kraft und Stärke in ihrem Dienst an den Menschen.

❖ Für alle, die zu unserer Gemeinde gehören: um Demut, Friedfertigkeit und Geduld.

Gott, unser Vater, du hast uns den Glauben geschenkt und in dein Volk berufen. Dir gilt unser Dank und Lobpreis jetzt und in Ewigkeit. Amen.

18. SONNTAG IM JAHRESKREIS – Brot für das Leben

LIED ZUR ERÖFFNUNG GL 270 (KG 43) Kommt herbei, singt dem Herrn

EINFÜHRUNG

Für unser irdisches Leben brauchen wir Nahrung und Kleidung, Wohnung und Arbeit, das ist selbstverständlich. Der Oberbegriff hierfür ist „Brot". Im Vaterunser lehrt uns Jesus, um dieses irdische Brot zu bitten: „Unser tägliches Brot gib uns heute". Aber es gibt auch den geistigen und seelischen Hunger. „Der Mensch lebt nicht allein vom Brot, sondern von jedem Wort, das aus dem Mund Gottes kommt" (Mt 4,4b). Deshalb sagt Jesus: „Ich bin das Brot des Lebens" (Joh 6,35), das euren Hunger stillt. Wer zu Jesus Christus kommt, wird nicht mehr hungern und dürsten; denn er schenkt sich selbst als das Brot, das ewiges Leben verleiht. Er lässt es in dieser Feier wieder an uns austeilen. Dankbar grüßen wir ihn hier in unserer Mitte.

KYRIE-RUFE

Herr Jesus Christus,
du bist das Brot des Lebens.
Herr, erbarme dich.
Du bist die Speise, die nicht verdirbt.
Christus, erbarme dich.
Du schenkst uns ewiges Leben.
Herr, erbarme dich.

Gott, unser Vater will uns in seinem Sohn Jesus Christus Leben in Fülle schenken. Voll Vertrauen bitten wir ihn:

❖ Für alle Christen: um ein mutiges Eintreten für die gerechte Verteilung der irdischen Güter.
Gott, unser Vater: (A) Wir bitten dich, erhöre uns.

❖ Für die Verantwortlichen in Staat, Wirtschaft und Gesellschaft: um tatkräftiges Handeln für Frieden, Gerechtigkeit und Freiheit.

❖ Für die Notleidenden in den Krisengebieten der Welt: um Befreiung aus ihrer Situation durch helfende Menschen.

❖ Für die Menschen, die unter geistigem und seelischem Hunger leiden, weil sie keinen Sinn in ihrem Leben sehen: um die Erkenntnis Gottes.

❖ Für die an Leib oder Seele Kranken: um die Erfüllung ihrer Hoffnung auf Heil und Heilung.

❖ Für unsere Verstorbenen, um die wir trauern: um Aufnahme in das ewige Leben.

Gott, unser Vater, in deinem Sohn Jesus Christus schenkst du uns das Brot für das ewige Leben. Dafür gilt dir unser Dank, wir loben und preisen dich jetzt und in Ewigkeit. Amen.

LIED ZUR ERÖFFNUNG GL 621,1+3 (KG 544) Ich steh vor dir mit leeren Händen, Herr

EINFÜHRUNG

„Nehmt und esst"; „nehmt und trinkt alle daraus": Diese Aufforderung hören wir in jeder Eucharistiefeier, sie ist uns vertraut und wohlbekannt. Essen und Trinken sind zunächst ganz alltägliche Handlungen. Wenn uns aber im Gottesdienst „der Leib Christi" gereicht wird, erhalten wir eine ganz besondere Gabe. Jesus Christus schenkt sich uns, er gibt sich buchstäblich in unsere Hand. Er schenkt uns Anteil an seinem Leben und ist jetzt unter uns gegenwärtig, da wir in seinem Namen versammelt sind, um sein Wort zu hören und sein Gedächtnis zu vollziehen.

KYRIE-RUFE

Herr Jesus Christus,
du bist das lebendige Brot, das vom Himmel herabgekommen ist.
Herr, erbarme dich.
Denen, die an dich glauben, schenkst du das ewige Leben.
Christus, erbarme dich.
Du gibst dich hin für das Leben der Welt.
Herr, erbarme dich.

Jesus Christus ist das Brot des Lebens. Voll Vertrauen beten wir zu ihm:

❖ Für Papst N., unseren Bischof N., für alle, die zum Dienst in der Kirche gerufen sind und für alle Getauften: um die Erfahrung der Liebe Gottes.
Christus, höre uns. (A) Christus, erhöre uns.

❖ Für die Regierenden und alle, die im öffentlichen Leben Verantwortung tragen: um Erfolg bei ihren Bemühungen um Frieden und Gerechtigkeit.

❖ Für die Menschen, die fern von ihrer Heimat leben müssen: um Schutz und Geborgenheit.

❖ Für die an Leib oder Seele Kranken: um Hilfe und Genesung und um Zuversicht und Vertrauen in die Zukunft.

❖ Für die in Pflegeberufen Tätigen: um Geduld, Kraft und Stärke im Dienst an den ihnen anvertrauten Menschen.

❖ Für die Verstorbenen, um die wir trauern: um Anteil am ewigen Leben.

Ewiger Gott, du hast uns deinen Sohn Jesus Christus geschenkt und uns so deine Liebe erwiesen. Dafür sei dir Dank gesagt. Dir gilt unsere Ehre und unser Lobpreis jetzt und in Ewigkeit. Amen.

20. SONNTAG IM JAHRESKREIS – Lebensmittelpunkt

LIED ZUR ERÖFFNUNG GL 634 (KG 143) Dank sei dir, Vater, für das ewge Leben

EINFÜHRUNG

Ganz verschieden sind wir Menschen, die wir hier zum Gottesdienst versammelt sind. Herkunft, Ausbildung und Berufe unterscheiden uns; Eltern und Kinderlose, Unverheiratete und Verheiratete, junge und alte Menschen sind hier. Eines aber ist uns gemeinsam: Wir sind eingeladen von Jesus Christus, er ist unser Gastgeber. Er spricht zu uns sein ermutigendes und froh machendes Wort; er bietet sich selbst als Speise dar, die ewiges Lebens schenkt. Er ist die Mitte unseres Lebens, unser „Lebensmittelpunkt".

KYRIE-RUFE

Herr Jesus Christus,
du bist das lebendige Brot, das vom Himmel herabgekommen ist.
Herr, erbarme dich.
Du gibst dich hin für das Leben der Welt.
Christus, erbarme dich.
Wer dich isst, wird leben in Ewigkeit.
Herr, erbarme dich.

Jesus Christus ist das lebendige Brot. Wer von diesem Brot isst, wird in Ewigkeit leben. Vertrauensvoll beten wir zu unserem Herrn und Erlöser:

❖ Für alle christlichen Kirchen und Gemeinschaften: um einen lebendigen Glauben an die Gegenwart Jesu Christi und um baldige Einheit am Tisch des Herrn.
Christus, höre uns. (A) Christus, erhöre uns.

❖ Für alle, die in den christlichen Kirchen und Gemeinschaften Leitungsverantwortung tragen: um die Gaben des Heiligen Geistes.

❖ Für alle Christen: um ein liebevolles Herz und offene Hände für die Armen und Notleidenden.

❖ Für die verzweifelten Mitmenschen und alle, die keinen Sinn mehr in ihrem Leben sehen: um neuen Lebensmut und um Menschen, die ihnen helfen können.

❖ Für die Kinder und Jugendlichen: um eine gute Erziehung und Ausbildung und um Wachstum im Glauben.

❖ Für unsere verstorbenen Freunde und Angehörigen: um Teilnahme am Gastmahl des ewigen Lebens.

Gott unser Vater, wir sind dankbar für deinen Sohn Jesus Christus, der als das Brot des ewigen Lebens unser Lebensmittelpunkt ist. Dir sei Lob und Ehre jetzt und in Ewigkeit. Amen.

21. SONNTAG IM JAHRESKREIS – Entscheidung

LIED ZUR ERÖFFNUNG GL 637 (KG 504) Lasst uns loben, freudig loben

EINFÜHRUNG

Wir sind der Einladung Jesu Christi gefolgt und haben uns zum Gottesdienst versammelt. Wir hören seine Worte und wissen, dass er jeden von uns ganz persönlich anspricht. In unserem Leben haben wir Gottes Wirken erfahren, und doch bleibt vieles für uns im Dunkeln und ist unbegreiflich. Manchmal sind wir mit unserer Weisheit, mit unseren Überlegungen schnell am Ende und wissen nicht mehr weiter. Wo ist da Gott? So sehen wir uns immer wieder einmal neu zur Entscheidung herausgefordert – für Ihn, der allein uns das Wort des Lebens zusprechen kann.

KYRIE-RUFE

Herr Jesus Christus,
deine Worte sind Geist und Leben.
Herr, erbarme dich.
Du bist der Weg zu Gott, dem Vater.
Christus, erbarme dich.
Du bist der Heilige Gottes.
Herr, erbarme dich.

ALLGEMEINES GEBET

Gott hat uns durch Jesus Christus in sein Volk berufen. An ihn wenden wir uns voll Vertrauen mit unseren Bitten:

❖ Wir beten für die Christen, die durch die Vielzahl von Meinungen und Ansichten im Glauben verunsichert sind.
Gott, unser Vater: (A) Wir bitten dich, erhöre uns.

❖ Wir beten für die Menschen, die sich von Jesus Christus getrennt und die Kirche verlassen haben.

❖ Wir beten für die Frauen und Männer, die als Lebensberater verzweifelte oder suchende Menschen begleiten.

❖ Wir beten für alle, die in caritativen oder sozialen Berufen Notleidenden und Kranken beistehen.

❖ Wir beten für die Kinder, die unter gestörten oder zerbrochenen Beziehungen ihrer Eltern leiden.

❖ Wir beten für die Menschen, die nicht wissen, wie sie ihren weiteren Lebensweg gestalten sollen und vor schwierigen Entscheidungen stehen.

❖ Wir beten für diejenigen, die trauern, weil der Tod ihnen einen geliebten Menschen genommen hat.

Gott, unser Vater, du hast uns in deinem Sohn Jesus Christus Leben und Heil geschenkt. Dir sei Lob und Ehr jetzt und in Ewigkeit. Amen.

LIED ZUR ERÖFFNUNG GL 614 (KG 551) Wohl denen, die da wandeln

EINFÜHRUNG

Spiele haben ihre Spielregeln, und für das Leben gibt es Grundsätze, die das Leben fördern. Es ist gut für uns zu wissen, wo es langgeht. Es ist gut für uns, wenn wir ein Vorbild haben, wenn wir jemanden kennen, der uns ein Beispiel gegeben hat. Jesus Christus hat uns dieses Beispiel gegeben, wie ein Leben nach den Grundsätzen Gottes, nach seinen Geboten, gelingen kann. Denn was dem Leben dient, weiß Gott am besten, der das Leben schenkt. Er sorgt dafür, dass es sich entfalten kann zur Freude und zum Wohl der Menschen. Ihm vertrauen wir uns an, damit das Gute in uns wächst und unser Leben nach seinen Grundsätzen gelingt.

KYRIE-RUFE

Herr Jesus Christus,
du bringst uns die Liebe Gottes, des Vaters.
Herr, erbarme dich.
Du bist unser Friede und unsere Versöhnung.
Christus, erbarme dich.
Du bist unser Leben und unsere Freude.
Herr, erbarme dich.

ALLGEMEINES GEBET

Gott hat uns seine Gebote geschenkt und seinen Sohn Jesus Christus als Bruder zu uns gesandt, damit unser Leben gelingt. Vertrauensvoll wenden wir uns mit unseren Anliegen an ihn und beten:

❖ Für unseren Papst N., unseren Bischof N. und alle, die Verantwortung in der Leitung unserer Kirche tragen: um den Geist der Liebe und Güte Gottes bei all ihren Entscheidungen, die sie zu treffen haben.
Du Gott des Lebens: (A) Wir bitten dich, erhöre uns.

❖ Für diejenigen, die in der Regierungsverantwortung der Völker und Staaten stehen: um ein Handeln, das sich an Gottes Geboten und der Würde und Freiheit der Menschen orientiert.

❖ Für die Menschen, die unter Ungerechtigkeit und Unfreiheit leiden: um Wege, die zu einem Leben in Frieden und Gerechtigkeit führen.

❖ Für alle, die an Gott glauben: um Orientierung ihres Lebens am Willen Gottes und um Kraft zum Zeugnis für seine Liebe.

❖ Für unsere Verstorbenen: um die Erfüllung ihrer Hoffnung auf das ewige Leben.

Gott, unser Vater, du hast uns deine Gebote und deinen Sohn geschenkt, damit unser Leben gelingt. Dafür sei dir Lob und Dank gesagt, jetzt und in Ewigkeit. Amen.

23. SONNTAG IM JAHRESKREIS – Kommunikation

LIED ZUR ERÖFFNUNG **GL 264 (KG 531)** Mein ganzes Herz erhebet dich

EINFÜHRUNG

Manchmal sind wir nicht richtig ansprechbar, und manchmal verschlägt es uns die Sprache. Es ist nicht immer klar, ob das Ursache oder Folge einer Kommunikationsstörung ist. Stummheit und Sprachlosigkeit voreinander und gegenüber Gott sind gar nicht so selten. Dabei sind Kommunikation, Dialog und Gespräch für uns Menschen so wichtig. Dadurch werden Beziehung und Gemeinschaft gestiftet. Ohne den Austausch untereinander und mit Gott verkümmern wir Menschen. Zum Glück ist Gott selbst wesentlich Gespräch. Er sendet sein ewiges Wort in unsere Zeit, in mein Leben hinein und wartet auf Antwort. Er will und kann uns von unseren Kommunikationsstörungen und innerlichen Blockaden durch Jesus Christus befreien.

KYRIE-RUFE

Herr Jesus Christus,
du bist in unsere Welt gekommen, um den Verzagten Mut zu machen.
Herr, erbarme dich.
Du hast ein Herz für die Armen und Ausgestoßenen.
Christus, erbarme dich.
Du hast Kranke und Notleidende an Leib und Seele geheilt.
Herr, erbarme dich.

Jesus Christus hat alles gut gemacht. Er verheißt uns Heil und Heilung. Ihn bitten wir voll Vertrauen:

❖ Für die Menschen, die an Leib und Seele krank sind und ihre ganze Hoffnung auf Gott setzen.
Christus, höre uns. (A) Christus, erhöre uns.

❖ Für diejenigen, die durch die Erfahrung von großem Leid verbittert und hoffnungslos geworden sind und keinen Sinn mehr in ihrem Leben erkennen.

❖ Für die Menschen, die in Krankenhäusern, Heimen und bei mobilen Pflegediensten tätig sind; und für alle, die zuhause kranke Menschen pflegen.

❖ Für die am Rand der Gesellschaft stehenden Menschen, die kein menschwürdiges und erfülltes Leben führen können.

❖ Für diejenigen, denen wir unser Gebet versprochen haben, und alle, die uns in unseren persönlichen Anliegen und Sorgen begleiten.

❖ Für unsere Verstorbenen und alle, die um sie trauern.

Gott, unser Vater, du kennst uns und weißt, was wir zu unserem Heil brauchen. Auf deine Hilfe vertrauen wir und preisen dich jetzt und in Ewigkeit. Amen.

24. SONNTAG IM JAHRESKREIS – mit Jesus Christus gehen

LIED ZUR ERÖFFNUNG GL 616 „Mir nach", spricht Christus, unser Held *oder* GL 521 (KG 567) Herr, gib uns Mut zum Hören

EINFÜHRUNG

Jeder Sonntag ist ein kleines Osterfest, das wissen wir. So sind wir auch heute wieder hier zusammengekommen, um den Tod und die Auferstehung unseres Herrn Jesus Christus zu feiern, der uns erlöst hat. Ostern ist Pascha, der Übergang vom Leiden durch den Tod in die Herrlichkeit Gottes. Das ist der Weg, den Jesus Christus für uns gegangen ist. Diesen Weg zu gehen, sind wir von ihm berufen, mit all den uns vertrauten Sorgen, Nöten und Ängsten. Wenn wir mit Jesus Christus gehen, werden auch wir durch ihn die Freude und den Jubel von Ostern erfahren. Jetzt begegnen wir dem erhöhten Herrn in seinem Wort und Mahl, ihn grüßen wir hier in unserer Mitte.

KYRIE-RUFE

Herr Jesus Christus,
du hältst uns in deinem Wort bis zum Ende der Welt.
Herr, erbarme dich.
Du kennst unsere Mühsal und nennst uns beim Namen.
Christus, erbarme dich.
Du strahlst uns im Gericht auf und rufst uns in dein Licht.
Herr, erbarme dich.

Jesus Christus hat uns in seine Nachfolge gerufen und geht uns voran auf dem Weg zu Gott, seinem und unserem Vater. In seinem Namen beten wir voll Vertrauen:

❖ Für die getrennten christlichen Kirchen und Gemeinschaften: um Einheit im Glauben und am Tisch des Wortes und des Mahles. *Gott, unser Vater: (A) Wir bitten dich, erhöre uns.*

❖ Für die Regierenden der Staaten und Völker: um tatkräftiges Eintreten für Frieden und Gerechtigkeit.

❖ Für die Menschen, denen Leid die Zukunft verdunkelt: um neue Zuversicht und neuen Lebensmut.

❖ Für die Menschen, die nach einem Sinn in ihren Leben suchen: um die Erfüllung ihrer Sehnsucht.

❖ Für diejenigen, mit denen wir zusammen wohnen und arbeiten: um ein friedliches und wohlwollendes Miteinander.

❖ Für die Verstorbenen, um die wir trauern: um Aufnahme in die Herrlichkeit Gottes.

Gott, unser Vater, wir sind berufen, unseren Lebensweg mit Jesus Christus zu gehen bis wir einst die Vollendung in deiner Herrlichkeit finden. Dafür danken wir dir und loben und preisen dich jetzt und in Ewigkeit. Amen.

LIED ZUR ERÖFFNUNG **GL 462 (KG 46)** Zu dir, o Gott, erheben wir

EINFÜHRUNG

Wir haben uns zum Gottesdienst versammelt und denken an das, was Jesus für uns getan hat, an den Weg, den er für uns gegangen ist. Wir feiern seinen Tod und seine Auferstehung. Er hat uns durch seine Erniedrigung den Weg zu Gott eröffnet. So manches ist uns – wie den Jüngern – am Weg Jesu schwer verständlich. Diener aller Menschen ist Jesus geworden, und so ist er uns Vorbild geworden dafür, wie unser Lebensweg in seiner Nachfolge aussehen kann: Zur Dienstbereitschaft für unsere Mitmenschen sind wir berufen. Jesus wartet darauf, dass wir seinen Weg mitgehen, dann eröffnet sich uns das Geheimnis seines Weges, das Geheimnis seiner Person.

KYRIE-RUFE

Herr Jesus Christus,
du bist Diener aller Menschen geworden.
Herr, erbarme dich.
Du hast dich dem Tod ausgeliefert.
Christus, erbarme dich.
Du bist von den Toten auferstanden.
Herr, erbarme dich.

ALLGEMEINES GEBET

Jesus Christus hat unser Leben geteilt und ist zum Diener aller geworden. Seinem Beispiel folgend tragen wir Gott, unserem Vater, unsere Bitten vor:

❖ Für alle, die in der Kirche ein Amt innehaben: um den Geist der dienenden Liebe.
Gott, unser Vater: (A) Wir bitten dich, erhöre uns.

❖ Für die Mitarbeiter in den caritativen und diakonischen Einrichtungen, die sich aufgrund ihres Glaubens für die Menschen einsetzen: um Kraft und Stärke für ihren Dienst.

❖ Für die Kinder und Jugendlichen: um eine gute Erziehung und Ausbildung, um gute Wegbegleiter auf dem Weg des Erwachsenwerdens.

❖ Für die Mächtigen in Politik, Wirtschaft und Gesellschaft: um Ehrfurcht vor der Würde eines jeden Menschen.

❖ Für alle, deren Lebensweg zu Ende geht, um eine gute Sterbebegleitung; für die Trauernden um Trost und Hoffnung; und für unsere Verstorbenen um das ewige Leben.

Gott, unser Vater, du kennst unsere Sorgen, Nöte und Bitten. Du nimmst dich unserer an. Durch deinen Sohn sei dir Dank gesagt für deine Hilfe. Durch ihn loben und preisen wir dich jetzt und in Ewigkeit. Amen.

26. SONNTAG IM JAHRESKREIS – Toleranz

LIED ZUR ERÖFFNUNG **GL 640 (KG 508)** Gott ruft sein Volk zusammen

EINFÜHRUNG

„Wer nicht gegen uns ist, der ist für uns." Aus dieser Aussage Jesu spricht Großzügigkeit und Toleranz. Auch bei Menschen, die anders sind als wir, die wir hier zum Gottesdienst versammelt sind, ist Gottes Geist am Werk; ohne ihn geschieht nichts Gutes. So ist auch unsere Großzügigkeit und Toleranz gegenüber Menschen gefragt, die anders fromm und anders gläubig sind als wir; auch sie tun Gutes. Gottes Geist weht, wo er will, und befähigt Menschen, Gutes zu tun – innerhalb und außerhalb der Kirche. Öffnen wir wieder neu unsere Herzen für das Wirken des Geistes Gottes in unserer Welt, und unsere Augen für das Gute, das durch ihn geschieht.

KYRIE-RUFE

Herr Jesus Christus,
du schenkst uns Gottes Geist.
Herr, erbarme dich.
Du rufst uns in deine Nachfolge.
Christus, erbarme dich.
Du schenkst uns deine Liebe.
Herr, erbarme dich.

ALLGEMEINES GEBET

Gottes Geist bewegt die Herzen der Menschen. Im Vertrauen auf seine Hilfe beten wir:

❖ Für alle Menschen, denen Gottes Geist geschenkt ist: um die Offenheit und Bereitschaft, sich von ihm führen zu lassen.
Guter Gott: (A) Wir bitten dich, erhöre uns.

❖ Für alle, die enge Grenzen ziehen und sich nicht vorstellen können, dass Gottes Geist durch ganz unterschiedliche Menschen wirkt: um eine weites Herz und Toleranz.

❖ Für alle, die einen gerechten Grund zum Klagen haben: um Befreiung aus ihrer Not, um die Erfahrung von Hilfe und Unterstützung.

❖ Für die Menschen, die zum Bösen verleitet worden sind: um eine gute neue Orientierung für ihr Leben.

❖ Für die Menschen, mit denen wir für die Ernte des Jahres teilen dürfen: um Dankbarkeit für die Gaben Gottes, und für die Armen um eine gerechte Verteilung der Güter unserer Erde.

❖ Für unsere Verstorbenen, um die wir trauern: um Aufnahme in das ewige Leben.

Ewiger Gott, wir danken dir für das Gute, das du in Menschen bewirkst und ihnen schenkst. Durch Jesus Christus loben und preisen wir dich im Heiligen Geist jetzt und in Ewigkeit. Amen.

LIED ZUR ERÖFFNUNG GL 241,1+4 Komm, Heilger Geist, der Leben schafft *oder* GL 245 (KG 228) Komm, Schöpfer Geist, kehr bei uns ein

EINFÜHRUNG

Dieses Heilig-Geist-Lied, das wir zu Anfang gesungen haben, erbittet die schöpferische Liebeskraft des Heiligen Geistes. Im Leben können wir Menschen zwar vieles erreichen, aber letzten Endes ist es die Liebe, die unserem Tun und Handeln ein Herz gibt, das uns Gutes wirken lässt. Eine Ehe bleibt ohne Liebe kalt, der Beruf bleibt ohne Liebe nur ein Job, der Geburtstagsglückwunsch bleibt ohne Liebe nur eine Pflichterfüllung, das Gebet bleibt ohne Liebe nur ein Plappern und der Gottesdienst bleibt ohne Liebe nur eine Pflichtübung. Die Liebe ist es, die allem Leben einhaucht. Liebe verbindet, statt zu trennen, und schenkt wahren Frieden.

KYRIE-RUFE

Herr Jesus Christus,
du schenkst uns Gottes Geist.
   Herr, erbarme dich.
Du schenkst uns Gottes Liebe.
   Christus, erbarme dich.
Du schenkst uns Frieden und Versöhnung.
   Herr, erbarme dich.

ALLGEMEINES GEBET

Gott ist die Liebe und hat uns aus Liebe und zur Liebe geschaffen. Ihn bitten wir:

❖ Für die Ehepartner, die sich fremd geworden sind: um eine sich erneuernde Liebe.
Du Gott der Liebe: (A) Wir bitten dich, erhöre uns.

❖ Für die Kinder und Jugendlichen, besonders jene, deren Eltern in Scheidung leben: um die Erfahrung sorgender Liebe.

❖ Für die Menschen aus fremden Ländern und Kulturen, die hier bei uns leben: um verstehende Liebe.

❖ Für die Frauen und Männer, die Leitungsaufgaben wahrnehmen: um verantwortungsvolle Liebe.

❖ Für alle Christen: um die Gaben des Heiligen Geistes und die Kraft seiner Liebe.

❖ Für unsere Verstorbenen, um die wir trauern: um die Erfahrung der Liebe Gottes und Aufnahme in das ewige Leben.

Gott, unser Vater, durch deinen Sohn Jesus Christus wissen wir, dass du die Liebe bist und Liebe schenkst. Dafür danken wir dir durch ihn im Heiligen Geist jetzt und in alle Ewigkeit. Amen.

28. SONNTAG IM JAHRESKREIS – Weisheit

LIED ZUR ERÖFFNUNG **GL 614 (KG 551)** Wohl denen, die da wandeln

EINFÜHRUNG

„Arm ist nicht der, der wenig hat, sondern der, der nicht genug bekommen kann." Dieses arabische Sprichwort drückt eine tiefe Wahrheit aus. Denn Armut und Reichtum sind relative Begriffe. Geld und Besitz machen jedenfalls nicht den Reichtum eines Menschen aus, sie führen nicht zu einem gelingenden Leben, das Sinn und Erfüllung schenkt. Klugheit, Weisheit und Gotteserkenntnis führen zu einem gelingenden und sinnerfüllten Leben; sie sind der Reichtum, der zum ewigen Leben führt. In Jesus Christus ist uns die Weisheit Gottes erschienen, in ihm hat sie ein Gesicht bekommen und ist Person geworden. Durch ihn sind wir in die Lebensgemeinschaft mit Gott eingeladen, um so die Freude und Erfüllung unseres Lebens zu finden.

KYRIE-RUFE

Herr Jesus Christus,
du bist die Mensch gewordene Weisheit Gottes.
Herr, erbarme dich.
Du bist das lebendige Wort Gottes.
Christus, erbarme dich.
Du rufst uns zum ewigen Leben bei Gott.
Herr, erbarme dich.

In seiner Weisheit hat Gott uns seinen Sohn geschenkt, um uns den Weg zum ewigen Leben zu bereiten. Ihn bitten wir voll Vertrauen:

❖ Für diejenigen, die nur an ihrem irdischen Hab und Gut hängen: um Weisheit und Gotteserkenntnis.
Christus, höre uns. (A) Christus erhöre uns.

❖ Für die Menschen, die Sinn und Orientierung in ihrem Leben verloren haben: um die Erkenntnis neuer Wege, die zu einem erfüllten Leben führen.

❖ Für diejenigen, die in eine besondere Art der Nachfolge Jesu Christi berufen und darin müde geworden sind: um die Kraft und die Gaben des Heiligen Geistes.

❖ Für die Menschen, die ein schweres Schicksal zu tragen haben: um Hoffnung und neuen Lebensmut.

❖ Für die Kinder, Jugendlichen und Familien: um Bewahrung vor Unheil und allem Bösen.

❖ Für die Verstorbenen: um die Erfüllung ihrer Hoffnung auf das ewige Leben.

Gott, unser Vater, du bist Ursprung und Ziel unseres Lebens. Dir danken wir, dich loben und preisen wir jetzt und in alle Ewigkeit. Amen.

LIED ZUR ERÖFFNUNG **GL 640 (KG 508)** Gott ruft sein Volk zusammen

EINFÜHRUNG

Unsere Gesellschaft entwickelt sich immer mehr zu einer Dienstleistungsgesellschaft. Immer mehr und neue Formen von Dienst werden benötigt; immer mehr Menschen leben von diesen Diensten. Es gibt aber auch die Erfahrung, dass Dienste nicht nur gebraucht, sondern missbraucht werden, zum Beispiel zur Machtausübung, zur Bereicherung oder einfach nur, um Karriere zu machen und einen gehobenen Posten zu ergattern. Für uns Christen gibt es ein klares Beispiel, wie Dienst zu verstehen ist, denn Jesus dreht die Karriereleiter um: Der erste Platz ist unten. Wer ihm nachfolgt, muss bereit sein, wie er seinen Mitmenschen zu dienen.

KYRIE-RUFE

Herr Jesus Christus,
du bist unser Herr und Bruder.
  Herr, erbarme dich.
Du bist gekommen, um zu dienen.
  Christus, erbarme dich.
Du bist unser Heiland und Erlöser.
  Herr, erbarme dich.

ALLGEMEINES GEBET

Gott sandte seinen Sohn Jesus Christus, damit er den Menschen dient. Voll Vertrauen beten wir zu ihm:

❖ Für alle, die in unserer Gesellschaft Führungsaufgaben innehaben: um die Achtung der Würde eines jeden Menschen.
Christus, höre uns. (A) Christus, erhöre uns.

❖ Für alle Christen: um die Erkenntnis, welche Dienste heute gebraucht werden und welche Aufgaben sie erfüllen können.

❖ Für diejenigen, deren Einsatz im Dienst nicht immer Dank und Anerkennung findet: um Bewahrung vor Mutlosigkeit.

❖ Für jene Menschen, die Jesus Christus noch nicht kennen: um Glaubensboten, die das Evangelium überzeugend verkünden.

❖ Für die Menschen und Völker, die unter Krieg und Gewalttätigkeiten leiden: um Frieden und Gerechtigkeit.

❖ Für die Opfer von Unglücken und Katastrophen und für all unsre Verstorbenen: um das ewige Leben.

❖ In Stille beten wir in unseren persönlichen Anliegen ...

Guter Gott, du verstehst unsere Sorgen und hörst unsere Bitten. Bei dir geht nichts verloren, was in Liebe getan wurde. Dir gilt unser Dank, dich loben und preisen wir jetzt und in Ewigkeit. Amen.

30. SONNTAG IM JAHRESKREIS – Erleuchtung

LIED ZUR ERÖFFNUNG GL 643 (KG 512) O Jesu Christe, wahres Licht

EINFÜHRUNG

Wenn wir hier in der Kirche zusammenkommen, um miteinander Gottesdienst zu feiern, so ist das eine Frucht der Nachfolge Christi, in die wir durch unsere Taufe hineingenommen sind. Durch die Taufe sind wir Glieder des Leibes Christi und der Kirche geworden. Einer der verschiedenen Namen für die Taufe war in der alten Kirche „photimós", d. h. Erleuchtung, Lichtwerdung. Die Augen wurden uns geöffnet, damit wir Jesus Christus als das Licht der Welt erkennen. Doch immer wieder kommt es vor, dass Dunkelheit Macht über uns gewinnt. Daher bitten wir unseren Heiland und Erlöser neu um Erleuchtung und sein Erbarmen (*entweder:* indem wir ihn mit den Kyrie-Rufen hier in unserer Mitte begrüßen; *oder:* indem wir das sonntägliche Taufgedächtnis begehen).

KYRIE-RUFE

Herr Jesus Christus,
du bist das Licht der Welt.
   Herr, erbarme dich.
Du bist die Sehnsucht der Armen.
   Christus, erbarme dich.
Du bist das Heil der Sünder.
   Herr, erbarme dich.

Jesus Christus ist das Licht der Welt. Der Glaube an ihn bringt Erleuchtung, Heil und Heilung. Ihn bitten wir:

❖ Für alle, die Gott aus dem Blick verloren haben und blind sind für seine Schöpfung und Liebe.
Christus, du Licht der Welt: (A) Erbarme dich unser.

❖ Für alle, die blind sind gegenüber seelischem Leid und körperlicher Not so vieler Menschen.

❖ Für alle, die an körperlichen oder seelischen Gebrechen leiden und für ihr Leben keine Hoffnung und kein Licht mehr sehen.

❖ Für alle, die Schuld auf sich geladen haben und keinen Ausweg mehr sehen.

❖ Für alle, die keinen Sinn haben für die Zeichen der Gnade Gottes in den Sakramenten der Kirche.

❖ Für alle, die im Dienst der Verkündigung des Evangeliums stehen und mutlos geworden sind.

Gott, unser Vater, wir danken dir für Jesus Christus, das Licht der Welt, das uns Erleuchtung, Heil und Heilung schenkt. Dir gilt unser Lobpreis jetzt und in alle Ewigkeit. Amen.

31. SONNTAG IM JAHRESKREIS – Liebe

LIED ZUR ERÖFFNUNG GL 558 (KG 198) Ich will dich lieben, meine Stärke

EINFÜHRUNG

Liebe: Dieses Wort ist in aller Munde. Wir hören es in Schlagern und Fernsehserien, lesen es auf den Titelseiten der Illustrierten und in der Tageszeitung. Liebe, das ist für die Menschen ein zentrales Thema. Und auch für Jesus Christus ist es das zentrale Thema seiner Botschaft und seines Lebens. „Du sollst den Herrn, deinen Gott, lieben ... und deinen Nächsten wie dich selbst." Die Liebe zu sich selbst meint nicht Egoismus, sondern gut auf sich Acht geben, verantwortungsvoll mit seinen eigenen Bedürfnissen umgehen. Dann kann auch Nächsten-liebe ohne Erwartungsdruck gelingen. Als von Gott Geliebte können wir Ja sagen zu uns selbst und zu unseren Mitmenschen und so in die Liebe zu Gott hineinwachsen.

KYRIE-RUFE

Herr Jesus Christus,
du bist die Liebe Gottes zu den Menschen.
Herr, erbarme dich.
Du bist unser Leben.
Christus, erbarme dich.
Du rufst uns in das Reich Gottes.
Herr, erbarme dich.

ALLGEMEINES GEBET

Jesus Christus hat uns das Hauptgebot der Liebe gegeben. Voll Vertrauen beten wir zu ihm:

❖ Für die haupt- und ehrenamtlichen Mitarbeiter unserer Gemeinde: um die Liebe zu Gott, den Mitmenschen und zu sich selbst.
Christus, höre uns. (A) Christus, erhöre uns.

❖ Für die Regierenden unseres Landes und aller Völker und Staaten: um den Geist der Liebe, um tatkräftiges Eintreten für Frieden und Gerechtigkeit, um Sorge für die gerechte Verteilung der Güter unserer Erde.

❖ Für die Kinder und Jugendlichen, deren Sehnsucht nach Liebe und Angenommensein nicht erfüllt wird: um die Bewahrung vor Alkohol- und Drogensucht und um Menschen, die sich ihrer annehmen.

❖ Für die Obdachlosen und Bedürftigen in unserer Stadt (in unserem Ort): um die Erfahrung, dass sie wahrgenommen werden und dass ihnen geholfen wird.

❖ Für unsere Verstorbenen: um die endgültige Geborgenheit in der Liebe Gottes.

Gott, unser Vater, aus Liebe zu uns Menschen hast du uns deinen Sohn geschenkt. Er ist unser Vorbild für ein Leben, das dem Hauptgebot der Liebe entspricht. Dafür danken wir dir jetzt und in Ewigkeit. Amen.

32. SONNTAG IM JAHRESKREIS – Konsequenzen

LIED ZUR ERÖFFNUNG GL 621 (KG 544) Ich steh vor dir mit leeren Händen, Herr

EINFÜHRUNG

Gott kommt uns ohne Vorbehalt mit seiner unendlichen Liebe entgegen und schenkt uns die Fülle des Lebens. Das ist unser Glaube, das ist unsere Hoffnung; deshalb feiern wir miteinander Gottesdienst, den Dienst Gottes an uns Menschen. Wenn wir uns Ihm öffnen, seine Liebe aufnehmen, uns Ihm ganz anvertrauen mit allem, was wir sind und haben, dann hat das auch Konsequenzen für unsere Lebensgestaltung. Im großen Vertrauen auf Gott brauchen wir uns nicht ängstlich an unseren Besitz zu klammern oder uns nur auf unser eigenes Handeln zu verlassen. Wir verbinden unser ganzes Leben mit der Lebenshingabe Jesu an Gott, seinen Vater, und grüßen ihn vertrauensvoll in unserer Mitte.

KYRIE-RUFE

Herr Jesus Christus,
du rufst die Menschen zur Umkehr.
Herr, erbarme dich.
Du sagst uns die frohe Botschaft.
Christus, erbarme dich.
Du bringst uns die Vergebung des Vaters.
Herr, erbarme dich.

ALLGEMEINES GEBET

Gott kennt uns und unsere Anliegen, weil er uns liebt. Vertrauensvoll dürfen wir zu ihm beten:

❖ Für alle, die durch die Taufe Christen geworden sind: um Wachstum im Glauben und im Gottvertrauen.
Gott, unser Vater: (A) Wir bitten dich, erhöre uns.

❖ Für die christlichen Kirchen und Gemeinschaften: um Offenheit und Fairness im Umgang miteinander und mit den Menschen, die einer anderen Religion oder Weltanschauung angehören.

❖ Für die Arbeitslosen, die gerne ihren Lebensunterhalt selbst verdienen möchten, und für die Jugendlichen, die keine Lehrstelle gefunden haben: um Bewahrung vor Verzweiflung und Depressionen und um effektive Hilfe.

❖ Für die Völker und Staaten, die unter Krieg, Bürgerkrieg oder Terror leiden: um Frieden und Gerechtigkeit.

❖ Für uns selbst: um die innere Freiheit gegenüber irdischem Besitz und um den Mut, für eine gerechte Verteilung der Güter unserer Erde einzutreten.

Ewiger Gott, aus Liebe hast du uns deinen Sohn gesandt, damit wir das wahre Leben haben. Dir gilt unser Dank und Lobpreis jetzt und in Ewigkeit. Amen.

33. SONNTAG IM KIRCHENJAHR – **Ende**

LIED ZUR ERÖFFNUNG GL 565 Komm, Herr Jesus, komm zur Erde
oder GL 295 (KG 541) Wer nur den lieben Gott lässt walten

EINFÜHRUNG

Der November mit seinen Totengedenktagen erinnert uns an das Ende
des Lebens. Im November neigt sich auch das Kirchenjahr dem Ende
entgegen. An den letzten Sonntagen im Kirchenjahr werden wir auf
die Wiederkunft Christi hingewiesen. „Damit wir voll Zuversicht das
Kommen unseres Erlösers Jesus Christus erwarten", diese Bitte folgt
in jeder Eucharistiefeier auf das „Vater unser". Unser Gottesdienst ist
immer ausgerichtet auf die Erwartung, dass unser Erlöser kommt,
denn seinen Tod verkünden wir und seine Auferstehung preisen wir,
bis er kommt in Herrlichkeit. Wir grüßen unseren Herrn Jesus Christus, dessen Worte nie vergehen, hier in unserer Mitte.

KYRIE-RUFE

Herr Jesus Christus,
du wirst wiederkommen mit großer Macht und Herrlichkeit.
  Herr, erbarme dich.
Du wirst die Deinen zusammenführen im Reich deines Vaters.
  Christus, erbarme dich.
Himmel und Erde werden vergehen, deine Worte aber werden nicht
vergehen.
  Herr, erbarme dich.

ALLGEMEINES GEBET

Unser Herr Jesus Christus wird einst wiederkommen in Herrlichkeit. Ihn bitten wir voll Vertrauen:

❖ Für die Völker der Erde: um Bewahrung vor Katastrophen und Kriegen, um Frieden und Gerechtigkeit für alle Menschen.
Christus, höre uns. (A) Christus, erhöre uns.

❖ Für alle Christen: um Stärkung ihres Glaubens in unruhigen Zeiten.

❖ Für die Regierenden: um die Fähigkeit, Konflikte friedlich zu lösen.

❖ Für die Kinder und Jugendlichen: um gute und überzeugende Vorbilder, an denen sie ihr Leben ausrichten können.

❖ Für die Notleidenden: um den Beistand Gottes und verständnisvolle Helfer.

❖ Für uns, die wir hier versammelt sind: um die Kraft, die irdischen Aufgaben zu erfüllen und die Wiederkunft des Herrn mit wachem Herzen zu erwarten.

❖ Für unserer Verstorbenen: um Aufnahme in das ewige Leben.

Gott, unser Vater, du begleitest uns auf unserem Weg durch die Zeit mit deinem Schutz. Durch Jesus Christus sei dir Lob und Dank gesagt jetzt und in Ewigkeit. Amen.

❖ Herrenfeste im Jahreskreis ❖

DREIFALTIGKEITSSONNTAG – Leben in ihm

LIED ZUR ERÖFFNUNG GL 265 (KG 534) Nun lobet Gott im hohen Thron

EINFÜHRUNG

Wir sind in das Geheimnis des dreifaltigen Gottes, des Vaters und des Sohnes und des Heiligen Geistes, durch die Taufe hineingenommen worden und leben nun in ihm und durch ihn. Weniger das Nachdenken über dieses Geheimnis eröffnet uns den Zugang, sondern eher das Leben in ihm. Durch den Geist Gottes können wir mit Jesus Christus, unserem Herrn und Bruder, zu Gott „Vater" sagen. Jesus Christus sendet uns den Geist und ist der Weg zum Vater. Er ist bei uns alle Tage bis zum Ende der Welt, er ist jetzt in unserer Mitte, zu ihm rufen wir voll Vertrauen:

KYRIE-RUFE

Herr Jesus Christus,
du bist der Sohn des lebendigen Gottes.
Herr, erbarme dich.
Du bist der Weg zum Vater.
Christus, erbarme dich.
Du sendest uns den Heiligen Geist.
Herr, erbarme dich.

Gott, unser Vater, hat den Geist seines Sohnes in unsere Herzen gegeben. Wir dürfen voll Vertrauen zu ihm beten:

❖ Um Erneuerung der christlichen Kirchen und Gemeinschaften durch den Geist Jesu Christi und um Einheit im Glauben.
Dreifaltiger Gott: (A) Wir bitten dich, erhöre uns.

❖ Um begeisterte Boten und Verkünder des Evangeliums bei allen Völkern unserer Erde.

❖ Um die Erfahrung der Gegenwart Jesu in unseren Gemeinden, Gremien, Vereinen und Verbänden.

❖ Um eine gerechte Verteilung der Gaben unserer Erde zwischen armen und reichen Völkern.

❖ Um die Erfahrung lebendiger Glaubensgemeinschaft für die Kinder und Jugendlichen.

❖ Um das ewige Leben für unsere Verstorbenen, um die wir trauern.

Du, Gott, bist unser Ursprung und Ziel. In dir leben wir, bewegen wir uns und sind wir. Dir sei Lob, Dank und Ehre jetzt und in Ewigkeit. Amen.

FRONLEICHNAM – Nahrung

LIED ZUR ERÖFFNUNG GL 544 Das Geheimnis lasst uns künden *bzw.* KG 219 Preise, Zunge, das Geheimnis

EINFÜHRUNG

Sie ist in den Regalen der Supermärkte kaum noch zu überblicken: die Vielzahl der angebotenen Weine. Sehr reichhaltig ist ebenso das Angebot verschiedenster Brotsorten. Nahrung in Hülle und Fülle von Fast Food bis hin zur Haute Cuisine! Leicht kann da der Kern des Fronleichnamsfestes übersehen werden: das Brot und der Wein, die so ganz anders sind; Brot und Wein, in denen sich uns Jesus Christus selbst als der Gekreuzigte und Auferstandene schenkt. Er stillt unseren Hunger und Durst nach Leben, damit wir in alle Ewigkeit das Leben in Fülle haben.

KYRIE-RUFE

Herr Jesus Christus,
du schenkst uns dich selber unter den Gestalten von Brot und Wein.
Herr, erbarme dich.
Du bist der Hohepriester und Mittler des neuen Bundes.
Christus, erbarme dich.
Du schenkst uns, deinen Berufenen, die Erlösung und das ewige Leben.
Herr, erbarme dich.

Gott hat uns in sein Volk berufen und uns Jesus Christus als Nahrung und Speise für das ewige Leben geschenkt. Ihn bitten wir:

❖ Für die getrennten Kirchen und christlichen Gemeinschaften: um Versöhnung und Einheit im Glauben, damit sich alle Getauften bald gemeinsam um den Tisch des Altares versammeln können
Du Leben schenkender Gott: (A) Wir bitten dich, erhöre uns.

❖ Für die vielen Gemeinden, die sich nur selten zur Feier der Eucharistie versammeln können, weil Priester fehlen: um Kraft und Stärke in ihrer Not und Bewahrung im Glauben.

❖ Für alle, die an der Gestaltung der Eucharistiefeier mitwirken: um die Gaben des Heiligen Geistes, damit die Feier des Todes und der Auferstehung Jesu zur Mitte und zum Höhepunkt im Leben der Gemeinde wird.

❖ Für alle, die sich immer wieder zur Feier der Eucharistie versammeln: um Stärkung ihres Glaubens und Stillung ihrer Sehnsucht nach dem wahren Leben.

❖ Für alle Christen: um ein offenes Herz für die Not ihrer Mitmenschen.

Gott des Lebens, wir danken dir für deinen Sohn Jesus Christus, der uns Nahrung und Speise geworden ist, damit wir unseren Lebensweg voller Hoffnung und Zuversicht gehen können und einst in dir das Leben in Fülle erlangen. Durch ihn loben und preisen wir dich im Heiligen Geist in alle Ewigkeit. Amen.

CHRISTKÖNIGSSONNTAG – Herr und König

LIED ZUR ERÖFFNUNG GL 560 Gelobt seist du, Herr Jesu Christ *oder* GL 474 (KG 40) Nun jauchzt den Herren, alle Welt

EINFÜHRUNG

Viele Illustrierte und Zeitschriften erscheinen Woche für Woche mit dem neuesten Klatsch und Tratsch aus den Königshäusern dieser Welt. Ob diese Berichte wohl immer der Wahrheit entsprechen? – Wir feiern heute einen ganz anderen König, von dem in der Regenbogenpresse nicht die Rede ist: Jesus Christus, der die Wahrheit in Wort und Tat ist, der für die Wahrheit eintritt, auch wenn sie für viele heute unbequem und herausfordernd ist. Sein Königtum ist nicht von dieser Welt, es kommt von Gott. So war das Glaubensbekenntnis der ersten Christus nur ein Satz: „Jesus Christus ist unser Kyrios!", unser Herr und König! Wir sind sein heiliges Volk, die Gemeinde des Herrn. Wir huldigen ihm mit dem Ehrentitel: Kyrios – Herr und König der Kirche und der ganzen Welt.

KYRIE-RUFE

Herr Jesus Christus, König der Kirche und der ganzen Welt,
du bist der Erstgeborene der Toten.
Kyrie eleison.
Du bist das Alpha und das Omega.
Christe eleison.
Du wirst wiederkommen in Herrlichkeit.
Kyrie eleison.

ALLGEMEINES GEBET

Wir beten zu Jesus Christus, unserem Herrn und König, der alle Macht hat im Himmel und auf Erden:

❖ Für die Völker und Staaten unserer Erde, und für diejenigen, die über sie herrschen und sie regieren.
Christus, höre uns. (A) Christus, erhöre uns.

❖ Für die christlichen Kirchen und Gemeinschaften und die Missionare, die das Evangelium als das Wort der Wahrheit zu den Menschen bringen.

❖ Für die Menschen, die durch die Medien die öffentliche Meinung bestimmen und beeinflussen und der Wahrheit verpflichtet sind.

❖ Für die Einsamen, Ratlosen, Kranken und Notleidenden unserer Erde, die sich nach hilfreichen Menschen sehnen.

❖ Für unsere Verstorben, die in ihrem irdischen Leben das ewige Leben bei Gott erhofften und davon Zeugnis gaben.

Allmächtiger Gott, deinem Sohn Jesus Christus hast du alle Macht und Gewalt gegeben im Himmel und auf der Erde. Er ist unser Herr und König. Dir gilt unsere Ehre, unser Dank und Lobpreis jetzt und in Ewigkeit. Amen.

Hochfeste von Heiligen und verschiedene Anlässe

DARSTELLUNG DES HERRN

LIED ZUR ERÖFFNUNG GL 519 (KG 42) Komm her, freu dich mit uns

EINFÜHRUNG

Heute – vierzig Tage nach Weihnachten – feiern wir das Fest der Darstellung des Herrn. Maria und Josef bringen ihr Kind Jesus in den Tempel, um es Gott zu weihen. Dort begegnen sie zwei alten Menschen, Simeon und Hanna, die auf die Rettung Israels warten. Simeon erkennt in diesem Kind den Messias. Seine Augen haben das Heil gesehen, Jesus Christus, das Licht, das die Heiden erleuchtet, die Herrlichkeit für das Volk Israel. Auch wir können dieses Heil entdecken, ein Licht, das die Augen unseres Herzens erleuchtet. Jesus Christus ist das Licht, das unser Leben erleuchtet und lebendig macht. Jesus Christus kommt in unser Leben und schenkt uns seine Liebe. Bleiben wir aufmerksam für seine Gegenwart in unserer Zeit, in unserem Leben!

KYRIE-RUFE

Herr Jesus Christus,
du bist das Licht, das uns erleuchtet.
  Herr, erbarme dich.
Du bist das Heil aller, die dich suchen und erwarten.
  Christus, erbarme dich.
Du bist unser Heiland, Retter und Erlöser.
  Herr, erbarme dich.

ALLGEMEINES GEBET

In Jesus Christus lässt Gott sein Licht in unserer Welt aufstrahlen. Voll Hoffnung bitten wir ihn:

❖ Für die Christen und alle Menschen: um Offenheit und Aufmerksamkeit für die Spuren deiner Gegenwart in unserer Zeit und in unserem Leben.
Gott, unser Vater: (A) Wir bitten dich, erhöre uns.

❖ Für die Völker in den Krisenregionen unserer Welt: um die Erfüllung ihrer Sehnsucht nach Frieden, Freiheit und Gerechtigkeit.

❖ Für die Kranken, Notleidenden und im Elend Lebenden: um Befreiung aus ihrer Finsternis.

❖ Für die neugeborenen Kinder: um eine gute Zukunft, um die Erfahrung der Liebe ihrer Eltern und deiner Liebe.

❖ Für die alten, gebrechlichen und allein lebenden Menschen: um Bewahrung vor Einsamkeit und Erfahrung von Hilfe durch gute Mitmenschen.

❖ Für unsere Verstorbenen: Um Aufnahme in deine Herrlichkeit.

Gott, du kommst in unsere Welt. Du zeigst dich uns, du bist uns nahe. Dafür danken wir dir und loben und preisen dich jetzt und in alle Ewigkeit. Amen.

MARIÄ AUFNAHME IN DEN HIMMEL
– Gemeinschaft mit Gott

GESANG ZUR ERÖFFNUNG: GL 573 (KG 758) Gegrüßet seist du Königin *oder* GL 587 (KG 750) Maria aufgenommen ist

EINFÜHRUNG

Wer das Wort Gottes hört und seine Nähe spürt, der weiß sich angesprochen und angenommen. Eine Antwort kann dann nicht ausbleiben. Maria hat vorbehaltlos Ja gesagt zu ihrer Berufung durch Gott. So ist ihr die Vollendung ihres Lebens und die ewige Gemeinschaft mit Ihm geschenkt worden. – Alle, die das Wort Gottes hören und befolgen, die ihre Antwort auf die Berufung durch Gott geben, haben Gemeinschaft mit ihm und seinem Sohn Jesus Christus, den wir freudig hier in unserer Mitte begrüßen.

KYRIE-RUFE GL 495,3 (KG 60,2) *oder* 495,5 (KG 60,4) *oder* 495,7 (KG 60,6)

Gott hat Maria die Vollendung ihres Lebens in der ewigen Gemeinschaft mit ihm geschenkt. Ihn bitten wir voll Vertrauen:

❖ Maria betete einmütig mit den Aposteln um den Heiligen Geist. Wir beten heute für die Kirche um die Gaben des Heiligen Geistes, damit sie ihren Auftrag in unserer Zeit gut erfüllen kann.
Gott, du Quell des Lebens: (A) Wir bitten dich, erhöre uns.

❖ Maria war voll der Gnade und vor Sünde bewahrt. Wir beten für alle, die Schuld auf sich geladen haben, um dein Erbarmen und um die Vergebung ihrer Sünden.

❖ Maria wurde uns zur Mutter gegeben. Wir beten für die werdenden Mütter um eine gute Geburt, für die Kranken um Heilung, für die Trauernden um Trost und Zuversicht.

❖ Maria wurde in den Himmel aufgenommen. Wir beten für unsere Verstorbenen um die Aufnahme in die Gemeinschaft aller Heiligen.

Ewiger Gott, freudig feiern wir das Fest der Aufnahme Mariens in die ewige Gemeinschaft mit dir. Wir danken dir, dass wir in ihr ein Vorbild des Glaubens haben. Dir gilt unser Lobpreis jetzt und in alle Ewigkeit. Amen.

ALLERHEILIGEN – In Verbundenheit

LIED ZUR ERÖFFNUNG GL 608 (KG 787) Ihr Freunde Gottes allzugleich

EINFÜHRUNG

Heute feiern wir ein frohes Fest, das Fest aller Heiligen. Ein Fest für alle ist es, für bekannte und unbekannte Heilige. Zu ganz bestimmten Personen aus dieser Vielzahl haben wir vielleicht eine besondere Beziehung, etwa, weil wir ihre Fürsprache erfahren haben; oder zu unseren Namenspatronen, die uns Vorbild geworden sind. Die Heiligen haben in ihrem Leben Licht in die Welt gebracht, Gottes Liebe leuchtet durch sie auf. Wir verbinden uns heute mit ihnen, mit all den Menschen, die Gott vertraut haben, die sich von ihm geliebt wussten, die anderen Menschen Gutes getan haben und so heilsam waren. Allerheiligen feiern wir als Fest der Liebe Gottes in Verbundenheit mit Jesus Christus, unseren Namenspatronen und allen Heiligen, die schon ganz in der Geborgenheit Gottes leben.

KYRIE-RUFE GL 495,7 (KG 60,6) *oder:*

Herr Jesus Christus,
du bist das Urbild der Heiligkeit.
Herr, erbarme dich.
Du bist der Weg zu Gott, dem Vater.
Christus, erbarme dich.
Du bist verherrlicht in deinen Heiligen.
Herr, erbarme dich.

Gott allein ist ganz heilig. Auf dem Weg zum Heil sind wir auf seine Hilfe angewiesen. Voll Vertrauen beten wir zu ihm:

❖ Für diejenigen, die der Heilung bedürfen: die Kranken, die Notleidenden und die Trauernden.
Herr, unser Gott: (A) Wir bitten dich, erhöre uns.

❖ Für die Menschen, die sich bemühen, in der Nachfolge Jesu Christi zu leben: für Verkünder der Frohen Botschaft, für die Missionare und Ordensleute, für die ehrenamtlichen Mitarbeiterinnen und Mitarbeiter in unserer Gemeinde.

❖ Für diejenigen, die mit Liebe und Verständnis für andere da sind: für die Seelsorgerinnen und Seelsorger, für die in Pflegeberufen Tätigen und die Ärzte, für alle Eltern.

❖ Für die Menschen, die sich einsetzen für Frieden und Gerechtigkeit unter den Völkern und Staaten: für die Politiker und Diplomaten, für die Entwicklungshelfer und alle, die mutig für die Menschenrechte eintreten.

❖ Für unsere Verstorbenen, die auf Gott ihre Hoffnung setzten.

Barmherziger Gott, mit allen Heiligen, die du uns als Vorbild geschenkt hast, loben und preisen wir dich durch Jesus Christus im Heiligen Geist jetzt und in Ewigkeit. Amen.

ALLERSEELEN – Trauer und Hoffnung

LIED ZUR ERÖFFNUNG GL 656 (KG 727) Wir sind nur Gast auf Erden

EINFÜHRUNG

Heute an Allerseelen denken wir an die Verstorbenen, vor allem an jene, die uns besonders nahestanden: Eltern, Verwandte, Freunde, Bekannte ... Dankbar erinnern wir uns an all das Gute, das wir von ihnen empfangen haben, und trauern, weil sie nicht mehr unter uns sind. Doch die Trauer hat bei uns Christen nicht das letzte Wort, sondern die Hoffnung, denn Jesus Christus hat uns die Zusage gegeben, dass er uns zu Gott, dem Vater, vorausgegangen ist, um uns eine ewige Wohnung zu bereiten. Heute bitten wir ihn, dass unseren Verstorbenen diese ewige Wohnung zuteil wird, dass das ewige Licht Gottes ihnen leuchte und so über diesem Tag ein österliches Licht und Zuversicht liegt.

KYRIE-RUFE

Herr Jesus Christus,
du bist von den Toten auferstanden.
Herr, erbarme dich.
Du schenkst den Toten ewiges Leben.
Christus, erbarme dich.
Du führst uns in die ewige Freude der Erlösten.
Herr, erbarme dich.

ALLGEMEINES GEBET

Jesus Christus ist uns durch den Tod am Kreuz in die Herrlichkeit Gottes, des Vaters, vorausgegangen. Er ist unser Mittler, ihn bitten wir:

❖ Für alle Christen: um einen lebendigen Glauben an die Auferstehung. *Christus, höre uns. (A) Christus, erhöre uns.*

❖ Für die Opfer von Krieg und Gewalt, Unfällen und Naturkatastrophen: um Erbarmen.

❖ Für die Verstorbenen, die uns zu ihren Lebzeiten Gutes getan haben: um den ewigen Lohn.

❖ Für diejenigen, die plötzlich und unvorbereitet aus dem Leben gerissen wurden: um Gnade im Gericht.

❖ Für die, die in Beerdigungsinstituten den Verstorbenen und Hinterbliebenen dienen: um deinen Beistand.

❖ Für alle, die um Verstorbene trauern: um Trost durch die Hoffnung auf ein Wiedersehen im Reich Gottes.

❖ Für uns selbst: um eine gute Vorbereitung auf unsere eigene Sterbestunde.

Gott, unser Vater. Durch deinen Sohn Jesus Christus hast du uns die Hoffnung auf das ewige Leben bei dir geschenkt, das wir für unsere Verstorbenen und für uns selbst erbitten. Wir loben und preisen dich und sagen dir unseren Dank jetzt und in Ewigkeit. Amen.